영화와 괴물

| 낯선 존재와의 조우 |

김현승·서곡숙·송영애 외

Le Monde +

목차

 **제1부 상상의 형체, 공포의 얼굴**

1장 영화 속 괴물과 인간의 얼굴 : 거울로서의 괴물성 | 서성희

1) 도입 – 괴물은 왜 필요한가? _ 14
2) 괴물의 정의 – 경계의 파괴자 _ 15
3) 사회적 은유로서의 괴물 _ 18
4) 타자화 장치로서의 괴물 _ 21
5) 인간 내부의 괴물성 – 평범함의 파열 _ 23
6) 경계의 붕괴 – 내가 괴물이 될 때 _ 25
7) 감정의 투영 – 연민의 대상이 되는 괴물들 _ 28
8) 현대 괴물의 진화 – 사이보그·바이러스·좀비 _ 31
9) 한국영화 속 괴물 형상 변화 – 사회·감정·군중 _ 33
10) 결론 – 괴물은 결국 인간이다 _ 34

2장 괴물은 어디서 오는가 : 한국 공포영화의 얼굴들 | 윤필립

1) 괴물은 인간의 욕망이 만든 그림자인가? _ 37
2) 내 안의 괴물: 한국 공포영화가 그려낸 사회의 그림자 _ 41
3) 〈아메바 소녀들과 학교괴담: 개교기념일〉 속 그림자, 욕망, 유희 _ 46
4) 슬랩스틱의 얼굴을 쓴 그림자, 〈핸섬 가이즈〉 _ 51   5) 괴물, 나를 비추는 거울 _ 56

제2부 분열된 시대의 초상

3장 〈하트 오브 더 씨 (In the Heart of the Sea)〉와 미야자키 하야오 작품의 괴물들: 실재를 미끄러지는 환유적 타자를 통한 교감과 치유 | 김 경

1) 괴물 : 실재계의 귀환 혹은 침입 _ 64
2) 공포와 경외의 환유적 타자 – 모카딕 _ 67
3) 인간 존재론적 심연에 도사리고 있는 괴물 _ 69
4) 모카 딕, 우리가 들여다본, 그리고 우리를 들여다본 괴물 _ 71
5) 미야자키 하야오의 괴물 : 회복과 치유 그리고 성장과 수용 _ 74
6) 미야자키 하야오의 작품 속 괴물들의 언표 _ 76

4장 이념과 괴물 : 제주4·3사건 다큐멘터리영화 〈비념〉, 〈수프와 이데올로기〉 | 서곡숙

1) 제주4·3사건 다큐멘터리영화와 괴물 _ 80
2) 〈비념〉: 집단학살의 비극적 공간과 과거/현재의 대비 _ 86
3) 〈수프와 이데올로기〉: 집단학살의 트라우마와 다가가는 카메라 _ 109
4) 이념의 괴물과 국가폭력의 광기 _ 121

5장 자연, 괴물, 그리고 도시 : 복잡성이 만든 괴물, 〈더 펭귄〉 | 이현재

1) 합의하기 어렵고, 활용은 더 어려운 공리로서 기준 _ 125
2) 〈더 펭귄〉, 괴물과 과잉을 양성하는 매커니즘 _ 129
3) 괴물 이외의 개인을 허용하지 않는 도시의 복잡성 _ 133

제3부 경계의 가장자리에서

6장 욕망과 억압 사이, 비체(Abject)적 괴물의 탄생 : 〈서브스턴스〉, 〈가여운 것들〉 | 김희경

1) 비체적 존재로서의 여성 _ 141
2) 배출되어 버린 비체적 이미지와 파국 _ 146
3) 창조적 에너지를 가진 괴물 _ 148
4) 전복하고 연결하라 _ 152

7장 돌봄, 괴물로부터 스스로를 지키는 힘 : 영화 〈메모리〉 | 이승희

1) 기억의 여러 가지 형상 _ 155
2) 괴물은 누구인가 _ 158
3) 들어가거나, 물러서거나 _ 161
4) 증언을 듣는 증인의 자리 _ 164
5) 사라와 사울 _ 169
6) 괴물은 서로 사랑할 수 있을까? _ 174

8장 〈조커〉 좋아하세요? : 괴물들의 작품을 보고 괴물이 되지 않기 | 김현승

1) 사랑한다, 사랑하지 않는다. _ 178
2) 〈조커〉, 하층 노동자에서 인셀의 왕까지 _ 186
3) 〈바비〉, 젠더 담론에 가려진 '핑크 머니' _ 192

제4부 유토피아의 역습

9장 〈원더랜드〉와 〈미키17〉의 너무나 인간적인 괴물들 | 송영애

1) SF영화가 드러내는 구조적 괴물성 _ 202
2) 기술로 위로하는 상실, 〈원더랜드〉의 괴물 _ 205
3) 효율을 위한 복제, 〈미키17〉의 괴물 _ 209
4) 보이지 않는 괴물, 그 시각화 방식 _ 213
5) 드러난 괴물, 변화의 가능성 _ 218

10장 영화가 동시대 괴물에 대응하는 자세 : '미션 임파서블' 시리즈를 중심으로 | 송상호

1) AI라는 괴물을 대하는 자세 _ 223
2) 액션이 아닌 믿음으로 _ 225
3) 에단 헌트에서 톰 크루즈로, 스크린에서 현실로 _ 233

| 원문 출처 | 236

영화와 괴물, 낯선 존재와의 조우

　인간과 비인간, 정상과 일탈, 질서와 혼돈. 영화는 지난 120여 년 동안 이 모든 경계를 뒤흔들며 세계를 새롭게 이해해왔다. 최근 몇 년 사이 부상한 바디 호러 장르는 이러한 움직임이 수면 위로 드러난 대표적인 징후다. 줄리아 뒤쿠르노의 〈티탄〉(2019)이 쏘아 올린 신호탄은 〈서브스턴스〉(2024)로 이어지며, 데이비드 크로넨버그의 유산을 오늘의 감각으로 계승한다. 기괴하게 변형된 신체의 형상 속에서 우리는 시대의 불안과 규범의 균열, 그리고 뜻밖에도 자기 자신의 얼굴을 마주한다.

　그러나 장르 영화의 토양이 빈약한 한국은 여전히 이러한 세계적 흐름을 고유한 이미지로 풀어내지 못하고 있는 것이 안타까운 현실이다. 바로 이 지점에서, 이 책은 영화와 괴물의 관계를 다시 사유하며 괴물이 품은 상징과 맥락을 새롭게 탐구하고자 한다. 이어질 열 편의 글은 그 여성의 첫걸음이자, 스크린 너머의 세계를 다시 바라보려는 하나의 시도다.

　제1부, '상상의 형체, 공포의 얼굴'은 괴물이 스크린에 출현할 때 발생하는 효과와 그 이면의 욕망을 탐구한다. 서성희의 「영화 속 괴물들,

인간을 말하다」는 메리 셸리의 『프랑켄슈타인』(1818)에서 봉준호의 작품들에 이르기까지, 다종다양한 괴물들이 영화사에 남긴 족적을 되돌아본다. 'monster'의 어원을 출발점으로 삼아 영화와 괴물의 관계를 집대성한 이 글은, 괴물에 대한 사유에 익숙지 않은 독자들에게 유용한 길잡이가 될 것이다. 윤필립의 「괴물은 어디서 오는가: 한국 공포영화의 얼굴들」은 한국이라는 구체적 맥락 안에서 공포영화가 시대를 반영하는 양상을 추적한다. 칼 융, 제프리 코헨, 릭 알트먼 등 다양한 논의를 바탕으로 최근 개봉작 두 편을 분석하며, 공포의 얼굴 이면에 새겨진 문화적 무의식을 드러낸다.

제2부, '분열된 시대의 초상'은 1부의 연장선에서, 자연을 매개로 오늘의 시대를 다시 읽어낸다. 김경의 「실재를 미끄러지는 환유적 타자를 통한 교감과 치유」는 라캉의 개념을 중심으로, 자연 속에서 모습을 드러내는 괴물을 분석한다. '말해지거나 말할 수 없는' 존재들을 통해, 우리는 인간과 자연이 끊임없이 충돌하는 세계 속에서도 공존의 가능성을 엿볼 수 있다. 서곡숙의 「이념과 괴물」은 한국 현대사의 이념 갈등과 국가폭력을 일종의 '괴물'로 바라본다. 제주의

평온한 자연경관과 비극적 사건이 교차하는 장면은 현재에도 지속되는 '죽음', '폭력', '애도'의 문제를 환기한다. 이현재의 「자연, 괴물, 그리고 도시: 복잡성이 만든 괴물」은 인간 종(種)의 언어와 사고가 지닌 한계를 드러내며, 이를 도시적 환경이 두드러지는 영화 텍스트에 적용한다. 자연적이면서도 질서를 벗어난 괴물은 예외적 존재로서 인간 중심적 시야 너머를 가리킨다.

제3부, '경계의 가장자리에서'는 영화 속 괴물이 점점 더 약자의 언어를 구사하는 최근의 경향을 반영한다. 김희경의 「욕망과 억압 사이, 비체(Abject)적 괴물의 탄생」은 줄리아 크리스테바의 개념을 바탕으로 〈서브스턴스〉와 〈가여운 것들〉 속 두 여성 괴물을 비교한다. 비체로 규정되는 양상과 사회 질서에 대한 반응 방식 모두에서, 두 존재는 상이한 전략을 취한다. 이승희의 「돌봄, 괴물로부터 스스로를 지키는 힘」은 미셸 프랑코의 영화 속 엇갈린 기억의 형태를 분석한다. 어린 시절 트라우마를 극복하지 못하는 여성과 사라져가는 기억을 붙잡으려는 치매 환자의 교차점에서, 관객은 "괴물은 누구인가"라는 질문과 마주하게 된다. 김현승의 「〈조커〉 좋아하세요? : 괴물들의 작품을 보고 괴물이 되지 않기」는 미투 운동 이후 부상한 캔슬 컬쳐를 비판적으로 고찰한다. 영화 외부의 맥락이 점점 더 내부로 침투하는 오늘날 문화 환경을 조명하며, 관객을 사로잡은 '악마의 재능'을 건강한 담론으로 전환해나갈 방안을 모색한다.

제4부, '유토피아의 역습'은 SF 영화의 디스토피아적 상상력에 주

목한다. 송영애의 「〈원더랜드〉와 〈미키 17〉의 너무나 인간적인 괴물들」은 두 작품 속 괴물 같은 시스템(구조)이 시각화되는 방식을 비교한다. 두 영화가 미래 공간을 그려낼 때 나타나는 지배적인 정서의 차이는, 그 속에 내재하는 괴물성을 감지하는 방식의 차이로 이어진다. 송상호의 「영화가 동시대 괴물에 대응하는 자세」는 〈미션 임파서블〉 시리즈에서 괴물로 묘사되는 인공지능에 주목한다. 그러나 〈미션 임파서블: 파이널 레코딩〉의 '엔티티'는 인간을 기만하고 능가하려는 야망을 지닌 존재로 그려진다는 점에서 단순히 인류 말살을 노리는 기존의 서사와 차이를 보인다.

원고를 정리하며, 하나의 주제가 이토록 다양한 시각을 불러일으킬 수 있다는 점이 인상 깊게 다가왔다. 현실의 괴물들이 영화적 상상력을 손쉽게 압도하는 시대에, 이 책이 독자들에게 '괴물'이라는 창을 통해 사고의 틀을 유연하게 확장할 기회를 제공하길 바란다. 끝으로, 소중한 시간을 들여 글을 함께한 열 명의 영화평론가들, 그리고 르몽드코리아의 성일권 대표님, 유주희 팀장님, 편집부 모든 분께 깊이 감사드린다.

2025년 11월

필자를 대표하여 **김 현 승**

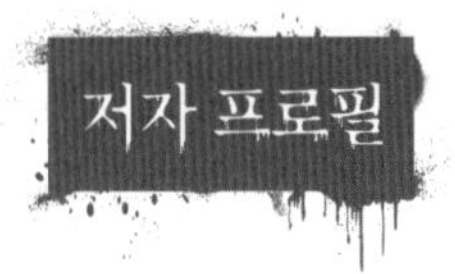

#김 경

영화평론가. 한의사. 이화여자대학교, 동국대학교 영화학과 석사, 박사 수료, South Baylo University에서 한의학으로 석사, American Liberty University에서 한방 정신분석학으로 박사 학위를 받았다. 영화사와 방송 프로듀서(PD)로 기획과 연출, 시나리오 작업을 했으며, 영화제 프로그래머와 부집행위원장을 역임했다. 공저로『멜로드라마란 무엇인가』(1999), 『만추,이만희』(2005), 평론집으로는『영화와 가족』(2022), 『영화와 권력』(2023), 『영화와 육체』(2025)가 있다. 정신과 몸에 대한 치료적 접근과 정신분석학으로 영화와 한의학을 접목하는 작업을 하고 있다. 《르몽드 디플로마티크》에서「김경의 시네마크리티크」를 연재 중이다.

김현승

영화평론가. 고려대학교에서 역사교육과 철학을 전공하고, 한국예술종합학교 영상이론과 영화이론 및 영화사 예술전문사 과정을 졸업했다. 2022년 제42회 한국영화평론가협회 신인평론상 수상을 계기로 평론 활동을 시작했으며, 이후 사천인권영화제 프로그래머, 인천디아스포라영화제 평론 멘토, 한국관광공사 성장아카데미 문화 강사 등 다양한 문화 산업 현장에서 활동하고 있다. 현재《르몽드 디플로마티크》에 「김현승의 시네마크리티크」를 연재 중이며, 《씨네 21》에서는 객원기자로 참여하고 있다. 공저로는 영화평론집 『영화와 권력』, 『영화와 육체』가 있으며, 영화 매체와 영화관 그리고 관객의 경험을 다루는 메타-필름에 관심을 두고 있다.

김희경

영화평론가. 인제대학교 미디어커뮤니케이션학과 교수. 이화여자대학교 법학과 학사, 중앙대학교 예술대학원 예술경영학 석사, 중앙대학교 첨단영상대학원 영상학 박사 학위를 받았다. 홍익대학교 대학원 미술사학과 박사 과정도 밟고 있다. 한국경제신문 기자, 한국예술종합학교 연극원 예술경영 겸임교수, 영상물등급위원회 자체등급분류 사후관리위원, 국제영화비평가연맹 한국본부 사무총장, 한국영화학회 대외협력이사로 일했다. 은평문화재단 이사, 국제문화&예술학회 이사, 만화평론가로도 활동하고 있다. 한국만화영상진흥원 주최 〈2020 만화·웹툰 평론 공모전〉 대상을 수상했다. 르몽드 디플로마티크, 한경비즈니스에 연재하고 있으며 CJ뉴스룸에도 글을 썼다. 주요 저서로는 『브람스의 밤과 고흐의 별』, 『호퍼의 빛과 바흐의 사막』이 있으며 공저로는 『문화, on& off 일상』, 『문화, 정상은 없다』, 『영화와 권력』 등이 있다.

서곡숙

영화학박사이자 영화평론가. 서울대학교 국어국문학과를 졸업하고, 동국대학교 연극영화과 대학원에서 영화학 전공으로 석사 학위와 박사 학위를 받았다. 산업자원부 산하 기관연구소 경북테크노파크에서 문화산업 정책기획 선임연구원, 팀장, 실장으로 근무하였다. 서울영상진흥위원회 위원장, 한국영화100년기념사업추진위원회 학술출판분과 위원장, 국제영화비평가협회 한국본부 사무총장, 한국영화평론가협회 사무총장 등을 지냈으며, 부산국제영화제, 전주국제영화제, 부천국제영화제 등에서 심사위원으로 활동했다. 현재 청주대학교 영화영상학과 교수로 있으면서, 한국영화교육학회 부회장, 계간지 ≪크리티크 M≫ 편집위원장 등으로 활동하고 있다. 평론집으로는 『영화와 사랑』, 『영화와 범죄』, 『웹툰과 로맨스』, 『영화와 자화상』 등이 있다.

서성희

영화평론가, 영화학박사. 오오극장 대표, 대구영상미디어센터 센터장을 지냈으며, 대구경북영화영상사회적협동조합 전 이사장, 대구단편영화제 집행위원장으로 활동했다. 현재 TBC 라디오 '서성희의 영화세상'에서 영화 이야기를 전하고 있다. 저서로는 『영화를 보며 여자를 생각하다 』, 공저로는 『영화입문』, 『영화와 관계』, 『영화로 읽는 도시 이야기』, 『욕망의 모모한 대상』, 『영화의 장르 장르의 영화』, 『미국영화감독1』, 『한국영화감독1』, 『유럽영화감독1』, 『영화와 배우』, 『영화와 가족』 등이 있다.

송상호

영화평론가이자 한겨레신문 기자. 2021년 박인환상 영화평론 부문, 2023년 한국영화평론가협회상 신인평론상 우수상을 통해 비평 활동을 이어오고 있다. 2021년 전주국제단편영화제 전문위원, 2024년 제16회 DMZ국제다큐멘터리영화제 특별상 부문 심사위원 등 영화제와 산업 현장에서도 활동의 폭을 넓히고 있다. 현재 《르몽드 디플로마티크》에 「송상호의 시네마 크리티크」를 연재 중이다. 공저로는 영화평론집 『영화와 육체』, 『천만 영화를 해부하다 평론 시리즈 8 – 범죄도시』가 있다. 저널리즘과 영화 비평의 경계를 넘나들며, 영화와 극장과 관객 사이에서 발생하는 동시대적 현상과 화두를 포착하고 이를 소통의 장으로 확장하는 데 관심을 두고 있다.

송영애

영화평론가, 교수. 한양대학교 연극영화학과에서 영화 연출을 전공하며 단편영화 네 편을 제작했고, 이후 실험영화에 대한 관심으로 뉴욕시립대학교 대학원에서 영화이론을 공부했다. 현재는 대중문화, 영화저작권, 영화교육 등을 연구하며 서일대학교 영화방송공연예술학과 교수로 재직 중이다. 2013년 《세계일보》에 「송영애의 영화이야기」를 연재하기 시작해, 현재는 《르몽드 디플로마티크》에 「송영애의 시네마 크리티크」를 연재 중이다. 2022년 (사)한국영화평론가협회 총무이사를 역임했고, 공저로는 『영화예술의 이해』, 『은막의 사회문화사: 1950~70년대 극장의 지형도』, 『한국영화감독 1』, 『영화와 가족』, 『영화와 권력』, 『영화와 육체』 등이 있다.

윤필립

영화평론가, 응용언어학자. 계명대에서 국문학과 영문학을 전공했고, 연세대 국문과에서 문학 석, 박사 학위를 취득했다. 대학에서 한국어와 문화를 강의하며 대중문화, 인문치료, 담화/화용론, 언어교육 분야를 연구하고 있다. 무궁화 스토리텔링 공모전, 서울국제사랑영화제, 동아일보 신춘문예 등에서 수상했고, 만화평론상, 대종상, 서울국제프라이드영화제, 부일영화상, 경북 국제 AI/메타버스 영상제의 심사위원, 영평상 집행부 등을 역임했다. 한국영화평론가협회, 국제영화비평가연맹 한국 본부 회원으로, 《한겨레신문》 「한국영화사 100년, 한국영화 100작품」, 《KBS》 「우리 시대의 한국영화 50선」 프로젝트에 필진과 연구 책임으로 참여했다. 현재 《르몽드 디플로마티크》, 《경기일보》, 《영화의 전당》 등에 글을 기고하고 있다.

이승희

영화평론가. 한국예술종합학교 영상원 전문사 졸업. 국문과에서 한국현대시를, 애니메이션과에서 회화와 애니메이션을 기반으로 한 미디어아트 및 그래픽노블을 공부했으며, 수묵추상 애니메이션과 영화 에세이 일러스트집을 졸업작품으로 발표했다. 영화와 시, 애니메이션의 서로 다른 언어를 연결하는 매개자가 되기를 희망한다. 2024년 제44회 한국영화평론가협회 신인평론상 부문에서 〈노 베어스〉(자파르 파나히) 작품론이 당선되어 등단하였다. (전) 시 전문 계간지 〈시와 시학〉 취재기자, 한국독립영화협회 비평분과 회원으로《독립영화》지 필진으로 참여하였으며, 한국영화평론가협회 회원으로 활동 중이다.《르몽드 디플로마티크》에서 「이승희의 시네마크리티크」를 연재하고 있다.

이현재

영화평론가. 경희대학교 K컬쳐·스토리콘텐츠연구소와 정책리서치그룹 넥스텔리전스에서 연구원으로 활동하고 있다. 동아일보 신춘문예 영화평론부문, 한국만화영상진흥원 만화평론 신인상, 게임문화재단 게임제네레이션 비평상 등을 수상했다. 콘텐츠와 IT 산업 동향 및 정책을 연구하고 있으며, 「글로벌 게임산업 트렌드」(한국콘텐츠진흥원) 「디지털 보안 정책 동향 조사 분석」(인터넷진흥원) 「주요국 AI 및 디지털 정책 동향 조사 분석」(한국지능정보사회진흥원) 등에 참여했다. 한국영화평론가협회, 한국만화웹툰평론가협회 회원으로, 다양한 비평 활동에도 참여하고 있다. 공저로는 『영화와 가족』, 『영화와 권력』, 『영화와 육체』 등이 있다.

제1부

상상의 형체,
공포의 얼굴

1장 영화 속 괴물과 인간의 얼굴
: 거울로서의 괴물성

_ 서성희

2장 괴물은 어디서 오는가
: 한국 공포영화의 얼굴들

_ 윤필립

1장
영화 속 괴물과 인간의 얼굴
: 거울로서의 괴물성

| 서성희 |

1) 도입 – 괴물은 왜 필요한가?

인류가 이야기를 만들기 시작한 그 순간부터 괴물은 항상 함께였다. 불을 훔쳐 인간에게 전해준 대가로 바위에 묶인 프로메테우스, 바벨탑을 쌓다 신의 노여움을 사 형체를 잃은 인간들, 반은 사자, 반은 인간인 스핑크스까지. 괴물은 늘 인간의 욕망과 죄책감, 두려움과 꿈이 결합한 형상으로 우리 곁에 존재해 왔다. 그리고 이 오랜 괴물의 전통은 현대에 이르러 '영화'라는 매체 속에서 새롭게 살아 숨 쉰다.

현대의 괴물은 더 이상 신화나 설화 속에 갇혀 있지 않다. 이제 괴물은 고속도로 옆 강물 속에서 기어 나오고, 우주의 어두운 복도에서 인간을 집어삼키며, 때로는 지극히 평범한 얼굴을 하고 우리 곁에 앉아 있다. 우리는 그들을 스크린 너머로 바라보며 비명을 지르고, 경악하고, 때로는 연민을 느끼기도 한다. 그러나 괴물은 단지 괴물로서 존재하지 않는다. 그들은 우리가 숨기고 싶은 얼굴이자, 우리가 외면한 진실이며, 우리가 만들어낸 그림자다.

그렇다면 우리는 왜 괴물을 끊임없이 만들어내고, 바라보고, 두려워하는가? 괴물은 단지 이질적인 존재, 공포의 대상이기만 한 걸까? 아니면 그들은 인간이라는 존재를 가장 적나라하게 드러내는 거울일까? 영화를 통해 그려진 괴물의 형상들은 시대마다 달랐지만, 그 안에 담긴 인간의 질문은 언제나 깊고 집요하다. 이 글은 그런 질문에서 시작된다. 괴물은 왜 존재하는가. 그리고 우리는 왜, 괴물을 통해서만 자신을 볼 수 있는가.

2) 괴물의 정의 - 경계의 파괴자

괴물(Monster)이란 단어의 어원은 라틴어 'monstrum'에서 비롯된다. 이는 단순히 기괴한 존재를 뜻하는 것이 아니라, '보여주는 것', 나아가 '경고의 표지'라는 의미를 내포한다.[1]

괴물은 우리에게 어떤 진실을 드러내기 위해 나타나는 존재다. 그것은 다름 아닌, 우리가 설정해 놓은 경계-정상과 비정상, 인간과 비인간, 자연과 인공, 문명과 야만-의 균열을 드러내는 경고다.[2]

괴물은 이 경계를 넘나들며, 우리가 당연하게 여겼던 질서를 흔든다.

---

1 Jeffrey Jerome Cohen, Monster Theory: Reading Culture, University of Minnesota Press, 1996, p.4.
2 오현화, 「한국 영화 속 여체(女體)에 반영된 괴물성 연구 -위반, 분리, 교란의 미학-」, 『현대영화연구』 제9권 제1호, 2013, pp.92-93.

〈프랑켄슈타인〉(기예르모 델 토로, 2025) 포스터
—메리 셸리 원작을 현대적으로 각색해 '인간/비인간' 경계의 질문을 재소환한다.

괴물은 항상 '그 너머'에 존재한다. 인간이 아닌 듯하면서도 인간적인 모습, 혹은 너무나 인간적이기에 도리어 괴물로 보이는 존재. 그 대표적인 예가 바로 메리 셸리의 소설 『프랑켄슈타인: 또는 현대의 프로메테우스』3)이다. 과학의 힘으로 창조된 이 괴물은 실제로는 이

---

3 메리 셸리의 소설 『프랑켄슈타인』을 직접 각색한 영화에는 〈프랑켄슈타인〉(J. 시얼 더둘리, 1910), 〈프랑켄슈타인〉(제임스 웨일, 1931), 〈프랑켄슈타인의 신부〉(제임스 웨일, 1935), 〈메리 셸리의 프랑켄슈타인〉(케네스 브래너, 1994), 〈빅터 프랑켄슈타인〉(폴 맥귀건, 2015), 〈프랑켄슈타인〉(기예르모 델 토로, 2025) 등이 있다.
프랑켄슈타인 캐릭터를 활용하거나 원작을 변주한 시리즈 영화에는 〈프랑켄슈타인의 아들〉(로우랜드 V. 리, 1939), 〈프랑켄슈타인의 유령〉(얼 C. 켄튼, 1942), 〈프랑켄슈타인 늑대인간을 만나다〉(로이 윌리엄 네일, 1943), 〈프랑켄슈타인의 집〉(얼 C. 켄튼, 1944), 〈애벗과 코스텔로 프랑켄슈타인을 만나다〉(찰스 바턴, 1948), 〈프랑켄슈타인의 저주〉(테런스 피셔, 1957), 〈프랑켄슈타인과 저주받은 괴물〉(테런스 피셔, 1969), 〈프랑켄슈타인과 지옥의 괴물〉(테런스 피셔, 1974), 〈영 프랑켄슈타인〉(멜 브룩스,

성과 감정을 모두 지닌 존재지만, 그의 외형은 사회가 규정한 '인간'의 기준에서 벗어난다. 괴물은 자신의 정체성을 찾고자 하지만, 사회는 그를 배척하고 결국 진짜 괴물로 만든다. 이 이야기는 괴물이라는 존재가 본래부터 흉악하거나 위험한 것이 아니라, 인간이 설정한 경계 바깥에 있기 때문에 괴물로 간주한다는 사실을 잘 보여준다.

괴물은 사회가 두려워하거나 억압하는 것들의 형상이다. 성적 규범을 벗어난 존재, 남성과 여성이라는 이분법적 젠더 구분을 흐리는 존재, 인간성을 초월한 기술의 산물, 질병이나 장애로 인해 '정상'과 다르다고 여겨지는 몸. 이 모든 것들은 사회적 규범의 시선 속에서 괴물로 간주한다. 괴물은 언제나 경계에서 출현하며, 그 경계를 위협하는 존재다. 이들은 우리에게 질문을 던진다. "너는 정상인가?", "정상은 누가 정의하는가?", "너는 나를 보고 왜 두려워하는가?"

괴물은 결코 단순한 공포의 대상이 아니다. 그것은 우리가 외면해 온 욕망, 죄책감, 억압, 그리고 불안을 드러내는 매개체다. 괴물이 나올 때, 우리는 깜짝 놀라며 뒤로 물러나지만 동시에 시선을 떼지 못한다. 왜냐하면 그 괴물의 이질성 속에는 익숙한 무엇, 곧 '우리'의 흔적이 스며있기 때문이다. 괴물은 '타자'로서 우리 밖에 있는 듯 보이지만, 실은 우리의 내부를 은밀하게 대변한다. 이 경계를 넘는 존재들이야말로, 우리 사회가 가장 숨기고 싶어 하는 진실을 드러내는 존재다.

괴물은 결국, 우리가 그어놓은 선을 넘는 존재다. 그리고 그 선 너머에는 언제나 인간이 감추고자 한 어떤 진실이 있다. 그러므로 괴물

1974), 〈아이, 프랑켄슈타인〉(스튜어트 비티, 2014) 등이 있다.

은 단지 상상의 피조물이 아닌, 우리가 만들어낸 경계의 틈에서 태어난 가장 인간적인 존재일지도 모른다.

3) 사회적 은유로서의 괴물

괴물은 단지 이질적 존재가 아니다. 그것은 종종 사회적 두려움, 불안, 혹은 억압의 은유로 작동한다. 특히 영화라는 매체에서 괴물은 매우 효율적인 기호다. 괴물은 대사를 하지 않아도 되고, 정교한 설명 없이도 관객의 감정을 자극하며, 동시에 시대의 불안과 감정을 응축해 표현할 수 있기 때문이다. 영화 속 괴물은 시대정신을 반영하는 징후이자, 공동체 무의식의 물리적 형상이다. 다시 말해, 괴물은 언제나 '누구를 두려워하고 있는가?'를 드러내는 사회적 거울이다.

이를 가장 명확하게 보여주는 예 중 하나는 일본 괴수영화의 상징, 〈고질라〉(혼다 이시로, 1954)다. 1954년 처음 등장한 고질라는 단순한 괴수라기보다는, 히로시마와 나가사키를 거쳐 간 핵의 공포가 육화된 형상이다. 방사능에 의해 변이된 고질라는 바다에서 나타나 도쿄를 초토화시키며, 기술과 과학의 오만, 인간의 파괴 본능에 대한 응징자로 등장한다. 고질라는 단순한 파괴자가 아니다. 그것은 전쟁의 기억, 과학기술의 공포, 제국주의의 나쁜 결과가 뒤엉킨 역사적 트라우마의 재현이다.

비슷한 맥락에서 봉준호의 〈괴물〉(2006)은 주목할 만하다. 이 작품의 괴물은 기이한 돌연변이가 아니라 강대국의 무책임한 개입과 국가의 무능이 결합해 생성된 결과다. 한강에 나타난 존재는 외세가 초래한 오염과 방치를 응축한 은유이자, 책임을 회피하는 국가 시스템의 실패를 폭로하는 지표다. 즉 〈괴물〉의 '괴물'은 "괴물 같다"는 수사로 소거될 수 없는 구체적 현실의 메타포이며, 그가 삼킨 것은 사람의 생명만이 아니라 시민의 권리와 인간다운 삶에 대한 최소 보장이었음을 영화는 드러낸다.

또한 괴물은 종종 '타자'에 대한 공포로 기능한다. 영화 〈디스트릭트 9〉(닐 블롬캠프, 2009)에서는 외계 생명체들이 남아프리카의 빈민가에 격리되어 살아가는 모습을 보여준다. 이 외계인은 누가 봐도 괴물처럼 보이지만, 그들이 겪는 차별과 폭력은 바로 인종주의의 메커니즘과 일치한다. 괴물은 실제로 그들을 바라보는 인간의 시선 속에만 존재하며, 그들은 오히려 희생자이자 억압당하는 주체다. 이러한 구조는 괴물이 언제나 낯선 존재에 대한 사회의 공포심, 즉 이민자, 난민, 성소수자, 장애인 등 제도 밖 타자에 대한 편견의 반영임을 드러낸다.

이처럼 괴물은 언제나 정치적이고 사회적인 존재다. 괴물의 외형은 그리 중요하지 않다. 오히려 그 괴물을 '괴물로 바라보게 만드는 시선', 즉 어떤 존재를 괴물화하는 사회적 구조와 담론이 더 핵심적인 문제다. 괴물은 때로는 집단의 죄책감을 대신 짊어진 희생양으로, 때로는 체제의 외부에서 질서를 위협하는 반(反)영웅으로, 또 때로는 억압된 감정과 욕망을 대변하는 대리인으로 기능한다. 그러므로 영화 속 괴물을 이해한다는 것은, 단순히 괴물의 정체를 밝히는 것이 아니라, 우리가 무엇을 두려워하고, 무엇을 억압하며, 누구를 배제하고 있는지를 묻는 일이다.

괴물은 단순한 스펙터클이 아니다. 그것은 스크린을 넘어 우리의

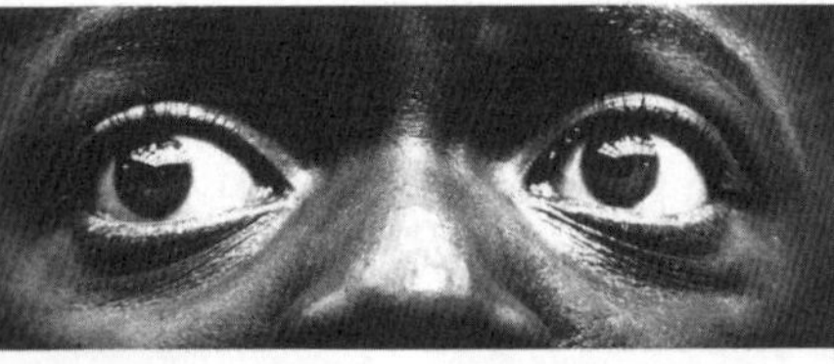

〈겟 아웃〉 인종차별과 착취를 괴물성의
언어로 가시화한 현대 호러의 선언

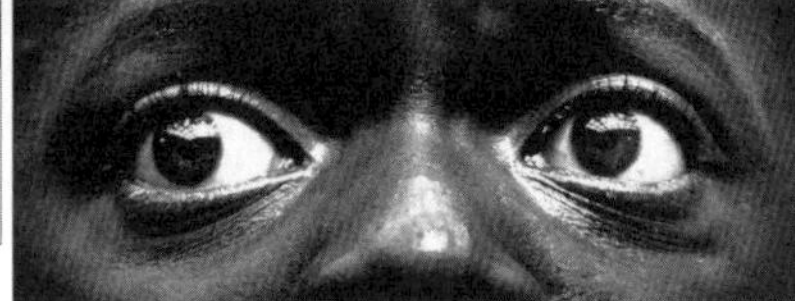

정치, 사회, 역사 속에서 끊임없이 생성되고 소멸하는 형상이다. 괴물을 만든 건 상상력이지만, 그 상상력이 반영하고 있는 것은 지극히 현실적인 것들이다. 〈고질라〉는 핵을 상징하고, 〈에이리언〉(리들리 스콧, 1979)은 출산과 젠더를 둘러싼 공포를 상징하며, 조던 필의 〈겟 아웃〉(2017)의 괴물은 인종차별과 착취를 고발한다. 영화 속 괴물은 우리의 현실을 재구성하고, 우리가 애써 외면한 진실을 들이민다.

결국 괴물이란, 우리가 만든 세계의 균열에 피어난 이물질이다. 그들은 우리 사회가 외면한 이면, 혹은 견딜 수 없어 억눌러둔 감정의 집합체다. 그러므로 괴물을 보는 것은 우리 자신을 마주 보는 일이다. 그리고 그 괴물이 두렵다는 건, 우리가 숨겨왔던 무언가가 들통날까 두렵다는 뜻일지도 모른다.

4) 타자화 장치로서의 괴물

괴물은 항상 우리 바깥에 있는 존재로 그려진다. 우리는 괴물을 두려워하고, 쫓아내고, 제거하고자 한다. 그러나 괴물의 핵심은 '두려움'보다 '경계 짓기'에 있다. 괴물은 종종 우리가 정의하는 정상과 비정상, 문명과 야만, 인간과 비인간, 남성과 여성, 백인과 비백인의 경계를 설정하고, 그 바깥에 위치한 존재들을 괴물화함으로써 공동체의 정체성을 공고히 하는 장치로 작동한다. 괴물은 사회가 '우리'를 구성하기 위해 반드시 필요로 하는, '경계 밖 그들'의 가장 극단적인 형상인 것이다.

이러한 타자화의 메커니즘은 영화 속에서 더욱 명확히 드러난다. 대표적인 사례가 1933년 작 〈킹콩〉(메리언 콜드웰 쿠퍼)이다. 킹콩은 원시 섬에서 붙잡혀 문명 세계로 끌려온 존재다. 이 거대한 유인원은 처음엔 경이와 호기심, 나중에는 공포와 위협의 대상으로 전환되며 결국 제압당한다. 킹콩 서사는 단순한 괴수물로 보이지만, 그 이면에는 식민주의와 인종주의의 시선이 깊이 배어 있다.

문명 세계가 비문명 세계를 발견하고, 그것을 지배하고, 필요에 따라 소비하고, 위협적일 때는 제거하는 구조. 킹콩은 백인의 시선으로 본 타자의 형상이자, 통제되지 않는 '다름'에 대한 서구의 공포를 고스란히 드러낸다. 흑인 노예제의 은유로도 읽히는 이 서사는, 괴물이 단순한 상상이 아닌 구체적인 지배 담론의 산물임을 보여준다.

더 나아가, 영화 〈셰이프 오브 워터: 사랑의 모양〉(기예르모 델 토로, 2018)은 냉전 시대의 권력 구조 속에서 괴물이 어떻게 '타자'로 규정되는지를 잘 보여준다. 정체불명의 수중 생명체는 인간과의 차이 때문에 연구와 통제의 대상으로 갇히고, 그 이질성은 사회적 낙인으로 확대된다. 그러나 이 영화가 드러내는 본질은 괴물 자체의 위협이 아니라, 권력을 가진 인간들이 타자를 두려움과 배제의 대상으로 만드는 방식이다. 델 토로는 괴물을 억압하는 체제와 권력자의 폭력성을 부각시키며, 결국 괴물이란 본래의 실체가 아니라 사회가 만들어낸 허상임을 강조한다.[4]

이 영화는 괴물이 괴물인 이유는 외형이 아니라, 사회가 그를 어떻게 바라보느냐에 달려 있음을 역설한다. 여성, 장애인, 유색인종, 성소수자 등 사회의 주변부 인물들이 오히려 괴물과 교감하며 연대하는 반면, 주류 권력을 대표하는 백인 남성은 공포와 분노로 그 존재를 억압하고자 한다. 괴물은 '다름'의 극단이자, 기존 질서를 위협하는 존재로 여겨지기에 제거되어야 하는 것이다.

괴물은 종종 현실 속 사회가 억압하고 배제하는 '타자'를 대신 짊어진다. 여성의 성적 욕망, 흑인의 분노, 이민자의 생존, 장애인의 고통은 직접적으로 표현되기 어렵기에, 괴물의 형상으로 은유 되어 나타난다. 괴물은 우리 사회가 말하지 못한 것들을 대신 말하고, 보이지 않던 것들을 드러낸다. 그러나 이 괴물은 단지 상징적 존재로 머무르지 않는다. 오히려 그를 어떻게 대하느냐에 따라, 우리는 사회가 어떤 타자를 어떻게 다루는지를 알 수 있다.

---

4 서성희, 「4장 기예르모 델 토로 – 창의적이고 숙련된 판타지의 거장」, 서곡숙 외, 『미국영화감독1』, 2019, pp.102~105.

이처럼 괴물은 본래 '괴이한 존재'가 아니라, '괴이하게 보이게 만든 존재'다. 괴물은 존재의 본질이 아니라, 시선의 작용이다. 누군가가 괴물이 된다는 건, 그들이 그렇게 태어났기 때문이 아니라, 우리가 그들을 그렇게 보기로 결정했기 때문이다. 괴물이란, 결국 우리가 만든 타자의 거울이며, 사회가 자신의 내부를 정리하고 경계를 유지하기 위해 끊임없이 발명해 내는 허상이다.

5) 인간 내부의 괴물성 – 평범함의 파열

괴물은 늘 외부로부터 오는 존재일까? 무시무시한 외형과 거대한 파괴력, 이해할 수 없는 본성. 이런 괴물의 정의는 어쩌면 너무 익숙해서, 정작 우리 내부에 존재하는 괴물의 가능성을 가려버린다. 괴물이란 결코 먼 곳의 이야기가 아니다. 때로는 우리와 같은 얼굴, 같은 말, 같은 체온을 가진 이들이 가장 두렵고 낯선 괴물이 되기도 한다. 괴물성은 외적인 것이 아니라, 본질적으로 인간 내면의 그림자에서 비롯될 수 있다. '괴물 같은 인간'은 더 이상 비유가 아니다. 그것은 현실이다.

영화 〈양들의 침묵〉(조나단 드미, 1991)에서 한니발 렉터 박사는 그 개념의 초기적 표상이자 결정적 도상으로 읽힌다. 그는 지적이고 우아하며 예의 바른 사람처럼 보인다. 그러나 그 이면에는 상상할 수 없는 식인 본성이 숨겨져 있다. 이 괴물성은 어떤 외형적 특징도 없이, 인간의 언어와 논리를 능숙하게 사용하는 지성 안에서 자란다. 우리는 그를 괴물이라 부르지만, 정작 그는 인간 사회가 낳은 가장 정교한 지적 산물이다. 이처럼 괴물은 더 이상 외부의 존재가 아니라,

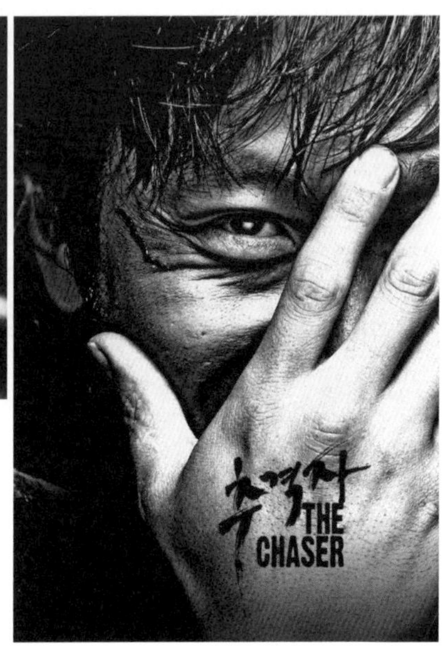

〈추격자〉 한국영화에서 '친절한
이웃의 얼굴을 한 괴물'을
전면화한 대표적 사례

인간성의 일부분이 되어 우리 안에서 자라고 있다.

박찬욱 감독의 〈올드보이〉(2003) 역시 인간 괴물의 내면을 들여
다본다. 이 영화에서 괴물은 누군가를 죽이거나 파괴하는 존재가 아
니다. 괴물성은 기억과 복수, 억눌린 욕망 속에서 서서히 피어오른다.
오대수는 처음엔 억울한 피해자처럼 보이지만, 이야기가 진행될수록
그는 괴물과 피해자의 경계를 넘나든다. 그는 복수심으로 타인을 조
종하고, 파괴하며, 결국은 자신조차 감당할 수 없는 고통 속에 잠긴
다. 복수가 완성되는 순간, 그는 괴물도 아니고 인간도 아닌, 애매한
존재로 남는다. 이 모호함은 괴물의 본질이 외형이 아닌 '선과 악의
경계'에 있음을 암시한다.

봉준호 감독의 〈살인의 추억〉(2003) 속 괴물도 끝내 얼굴을 드러
내지 않는다. 화성 연쇄살인범은 이름도, 모습도 없이 오직 '기록되

지 않은 공포'로 남는다. 그러나 이 영화가 진정으로 무섭게 다가오는 지점은, 수사의 실패와 폭력, 냉소와 무력감이 경찰이라는 제도 안에서 점점 인간성을 갉아먹는 과정이다. 진범을 찾기 위해 점점 폭력적으로 변해가는 형사들의 모습은, 괴물이 단지 살인범이 아니라, 그를 추적하는 이들 안에도 자라나고 있음을 보여준다. 괴물은 누군가를 쫓는 과정에서, 그 추적자의 심연 속에도 함께 자라나는 것이다.

이러한 영화들은 괴물과 인간의 경계가 얼마나 취약한지, 얼마나 쉽게 넘나들 수 있는지를 보여준다. 괴물이 무서운 이유는 그것이 '완전히 낯선 존재'가 아니라, '익숙한 존재가 낯설게 변하는' 순간이기 때문이다. 어쩌면 가장 무서운 괴물은 괴물처럼 보이지 않는 괴물이다. 정상의 얼굴을 한 채, 일상 속을 걷고, 우리와 대화하며, 때로는 사랑하고 웃는 존재. 그런 존재가 괴물이 되었을 때, 우리는 더 이상 누구를 경계해야 하는지조차 알 수 없게 된다.

결국 괴물은 어쩌면, 인간이라는 존재의 일면일지도 모른다. 인간이란 본래 이성적이면서도 파괴적이고, 사랑하면서도 증오할 수 있는 복합적 존재다. 우리가 괴물을 두려워하는 이유는, 그 가능성을 우리 자신에게서 보았기 때문일 것이다. 그 괴물은 먼 곳에 있지 않다. 문득 거울 속 자신을 마주 볼 때, '혹시 내가 괴물은 아닐까?'라는 불편한 질문이 떠오른다면, 우리는 이미 그 경계 위에 서 있는 것이다.

6) 경계의 붕괴 – 내가 괴물이 될 때

괴물은 항상 우리 바깥에 있는 존재일까? 오래도록 괴물은 '우리와는 다른 자', '밖에 있는 타자'로 상상되어 왔다. 그러나 현대 영화는 점점 더 이 경계를 흐리고 있다. 괴물은 외부의 침입자가 아니라, 내 안에 잠재된 감정이자 충동이며, 억압된 자아의 또 다른 얼굴로 등장한다. 즉, 괴물은 타자가 아니라, 내가 될 수도 있는 존재다.

데이비드 크로넨버그 감독의 〈플라이〉(1986)는 이 주제를 극단적으로 드러낸다. 천재 과학자 세스 브런들이 자신의 실험으로 인해 파리와 유전자 융합을 일으켜 괴물로 변해가는 과정은 단순한 육체적 변형을 넘어 인간의 욕망과 오만, 통제되지 않은 진보의 공포를 적나라하게 보여준다. 이 영화에서 괴물은 외부의 존재가 아니라, 주인공의 내면에서 서서히 피어나는 결과이며, 결국 인간과 괴물의 경계는 무너진다.

한국 영화 〈추격자〉(나홍진, 2008)는 물리적 괴물을 보여주지 않는다. 하지만 관객은 그 안에서 무자비하고 이해할 수 없는 인간의 얼굴을 마주한다. 괴물의 형상은 사라졌지만, 그 자리는 인간의 폭력성과 냉혹함으로 채워진다. 이는 괴물이 단지 비정상적인 외형이나 초자연적 능력을 지닌 존재가 아니라, 도덕적 경계를 벗어난 인간이 될 수도 있음을 암시한다.

〈기생충〉(봉준호, 2019)은 또 다른 방식으로 이 경계를 탐색한다. 영화는 괴물을 직접 등장시키지 않는다. 하지만 지하에 숨어 사는 사내의 존재는 공포와 함께 '보이지 않는 인간', '사회의 밑바닥'이라는 불편한 현실을 드러낸다. 우리는 그를 괴물이라 부르려 하지만, 그 괴물성이 사실은 우리가 외면한 현실의 그림자라는 점에서, 우리 모두의 책임과 연결되어 있다. 괴물은 타인이 아니라, 사회가 만들어낸 얼굴이며, 어느 순간 우리 자신의 모습일 수 있다는 경고다.

괴물은 더 이상 '그들'의 이야기가 아니다. 괴물은 우리가 무시해온 감정, 억눌러온 분노, 받아들이기 꺼려온 진실이 응축된 형상이다. 사회의 경계에서 밀려난 타인을 괴물로 취급하는 순간, 그 괴물은 우리 안에서 살아난다. 인간과 괴물의 경계가 모호해질 때, 중요한 것은 누가 괴물인가가 아니라, 우리는 어떤 눈으로 그 괴물을 바라보는가이다.

괴물은 언제부터 '우리 안의 존재'가 되었을까? 한때 괴물은 명확한 경계를 지닌 외부자였다. 외양이 기괴하거나, 인간의 언어를 갖지 못했으며, 문명의 테두리 밖에서 출몰했다. 하지만 현대의 괴물은 점점 더 익숙한 얼굴을 하고 우리 안에 자리 잡는다. 괴물은 인간의 윤리와 도덕을 벗어난 이들만을 지칭하지 않는다. 때로는 평범한 얼굴 뒤에 숨어 있고, 때로는 바로 '나'일 수도 있다.

이러한 괴물성과 인간성의 교차는 종종 억압된 감정이나 내면의 어두운 충동에서 비롯된다. 영화 〈블랙 스완〉(대런 아로노프스키, 2010)은 이러한 내면적 괴물화를 극적으로 묘사한다. 주인공 니나는 완벽한 백조와 유혹적인 흑조를 동시에 연기해야 하는 발레리나로, 끝없는 자기 억압과 외부의 기대 속에서 점차 자아가 분열하고 망가진다. 그녀가 무대 위에서 완벽한 흑조로 변신할 때, 그 모습은 신비롭지만 동시에 섬뜩하다. 이 괴물성은 외부에서 온 것이 아니라, 그녀 자신이 갈망한 완벽함 속에서 피어난 것이기 때문이다.

비슷한 맥락에서, 〈조커〉(토드 필립스, 2019)의 아서 플렉은 현대 사회의 냉담함과 무관심 속에서 점차 괴물로 변해간다. 그는 처음엔 웃기 위해 애쓰는 실패한 코미디언이었지만, 반복된 모욕과 소외, 가난과 정신 질환의 경계에서 천천히 폭력과 광기로 흘러든다. 이 영화는 괴물이 '괴물답게 태어난 존재가 아니라 그렇게 만들어진 존재'임을 노골적으로 드러낸다. 괴물은 사회의 가장자리에서 길러진다. 그것은 개인의 문제가 아니라 집단의 무관심이 낳은 산물이다.

영화 〈박쥐〉(박찬욱, 2009)에서도 이 교차는 독특하게 드러난다. 흡혈귀가 된 사제 상현은 죄책감과 욕망 사이를 오가며, 인간성과 괴물성 사이에서 끊임없이 흔들린다. 그는 더 이상 '인간'도 '괴물'도 아닌 존재로 살아가며, 도덕과 욕망의 충돌 속에서 결국 자신이 믿었던 윤리와 신념마저 파괴한다. 여기서 괴물은 피를 빠는 초자연적 존재가 아니라, 억눌러온 본능과 맞서는 인간 그 자체다.

이처럼 괴물은 외부에 있는 타자가 아니라, 우리 내면 깊숙한 곳에서 출현한다. 어떤 순간의 분노, 공포, 좌절, 그리고 억압된 감정은 인간성을 잠식하고 괴물성을 드러낸다. 우리는 괴물을 혐오하면서도, 어쩌면 그것이 '나일 수도 있다'는 사실에 더욱 두려워진다. 괴물은 우리와 닮았기 때문이다.

괴물과 인간의 경계는 생각보다 얇고, 그 경계는 언제든 무너질 수 있다. 이 경계가 허물어지는 순간, 우리는 타자를 두려워하는 대신, 스스로를 돌아보게 된다. "내 안의 괴물은 어떤 얼굴을 하고 있는가?"라는 질문이야말로, 현대 괴물 서사의 진정한 출발점일 것이다.

7) 감정의 투영 – 연민의 대상이 되는 괴물들

괴물이 반드시 공포의 대상만은 아니다. 때로는 괴물이 우리 안의 고독과 상처를 드러내며, 연민과 사랑의 대상으로 다가오기도 한다. 괴물의 존재가 단순히 파괴적 형상으로만 그려지지 않는다는 점은, 괴물이 인간성을 비추는 감정적 거울이기도 하다는 사실을 보여준다.

메리 셸리의 『프랑켄슈타인』에서 탄생한 괴물은 과학자의 야망 속에서 태어났지만, 탄생 순간부터 사랑받을 수 없다는 사실을 자각한 존재다.[5] 인간을 닮았지만, 결코 인간으로 받아들여지지 못하는 이 괴물의 고통은, 결국 "괴물은 누구인가?"라는 근본적인 질문으로 되돌아온다. 괴물의 비극은 본성이 아니라, 사회적 배제와 고립에서 비롯된다.

1933년의 고전 영화 〈킹콩〉은 연민 받는 괴물의 서사가 영상 매체에서 본격적으로 구축된 순간이다. 킹콩은 거대한 신체와 원시적 폭력을 지녔지만, 여성과의 관계 속에서 사랑과 보호의 감정을 드러낸다. 그는 단순한 괴수라기보다, 문명에 의해 길들이고 소비되다가 비극적으로 파괴된 존재다. 엠파이어 스테이트 빌딩에서 추락하는 마지막 장면은, 괴물이 패배한 순간이 아니라 연민의 대상으로 기억되는 전환점이다.

현대에 들어서 기예르모 델 토로의 〈셰이프 오브 워터: 사랑의 모양〉은 연민 받고 사랑 받는 괴물의 계보를 정점으로 끌어올린다. 냉전 시대의 실험실에 갇힌 수중 생명체는 말하지 못하지만, 오히려 인간보다 더 깊이 교감할 줄 아는 존재로 제시된다. 엘라이자와 괴물 사이의 사랑은 인간과 괴물의 경계를 무너뜨리며, 괴물이 타자가 아닌 또 하나의 '나'임을 드러낸다. 이 영화는 괴물이 외형이 아닌 관계

---

5 황혜영, 「메리 셸리의 『프랑켄슈타인Frankenstein 』 읽고 생각하기」, 『교양교육연구』, 2018, vol.12, no.1, 통권 41호, pp.205~223.

속에서 비로소 인간성을 획득한다는 사실을 보여준다.

〈늑대소년〉(조성희, 2012)은 이러한 연민의 괴물 서사를 한국적 맥락 속에서 변주한다. 인간과 늑대의 경계에 선 소년은 처음에는 위협적 존재로 낙인찍히지만, 소녀와의 관계 속에서 순수한 감정과 헌신을 드러낸다. 그는 결국 인간보다 더 인간적인 사랑과 희생을 보여줌으로써 괴물이 단순히 두려움의 대상이 아니라, 연민과 애정을 투영하는 존재임을 확인시켜 준다.

비슷한 맥락에서 〈렛 미 인〉(토마스 알프레드슨, 2008)의 뱀파이어 소녀 역시 전통적 공포의 아이콘을 뒤집는다. 피를 필요로 하는 흡혈귀라는 설정에도 불구하고, 소년과의 우정을 통해 인간보다 더 깊은 고독과 애정을 드러내며, 관객에게 "누가 더 괴물인가?"라는 질문을 던진다.

결국 괴물에게 감정을 이입할 수 있다는 것은, 그가 더 이상 완벽한 '타자'가 아님을 의미한다. 연민 받는 괴물은 사회가 배제한 감정, 잊고 살았던 연약함, 타인의 고통에 대한 감수성을 되찾게 한다. 괴물은 거울이다. 우리가 얼마나 쉽게 타인을 배척하면서도, 동시에 관계와 사랑을 갈망하는 존재인지를 드러내는 거울이다. 그렇다면 마지막 질문은 이것이다.

'괴물은 누구를 위해 존재하는가?' 괴물은 우리 자신을 비추는 거울이며, 사회가 배제한 감정과 억압된 진실을 드러내는 장치다. 따라서 괴물의 서사는 곧 인간성의 서사이며, 경계와 타자를 통해 재구성되는 인간의 초상이다.

8) 현대 괴물의 진화 – 사이보그·바이러스·좀비

괴물은 죽지 않는다. 다만 변형될 뿐이다. 괴물은 시대의 욕망과 공포, 금기와 한계를 비추는 거울이다. 고전 괴물들이 신화와 미지의 자연에서 태어났다면, 현대의 괴물은 과학과 기술, 그리고 인간 자신의 야망 속에서 태어난다. 이제 괴물은 더 이상 수풀 속에 살지 않는다. 그들은 실리콘 칩과 유전자 속에, 데이터와 욕망의 조각들 안에 존재한다.

사이보그와 인공지능은 현대 괴물의 대표적인 얼굴이다. 영화 〈엑스 마키나〉(알렉스 가랜드, 2015)의 에이바는 인간처럼 보이고, 인간처럼 말하며, 심지어 감정을 흉내 낸다. 하지만 그녀는 인간이 아니다. 그녀는 인간성을 시험하기 위해 창조되었고, 결국은 그 인간성을 능가한다. 이 영화는 "인간다움"이란 과연 무엇인지, 그리고 인간이 만든 존재가 인간보다 더 인간적인 척할 때, 우리는 어떤 감정으로 그를 바라봐야 하는지를 묻는다.[6]

괴물은 또한 바이러스의 형태로도 출현한다. 바이러스는 보이지 않지만 무차별적이고 치명적인 파괴력을 지닌 존재다. 〈컨테이젼〉(스티븐 소더버그, 2011) 등 팬데믹 영화들은 현대 사회가 얼마나 신속히 붕괴할 수 있는지를 가시화한다. 이때 바이러스 괴물은 단순한 질병이 아니라 통제 불가능성, 정보 불신, 관계의 취약성을 표상한다. 우리는 점점 더 촘촘히 연결되지만, 동시에 더 깊이 분리된다는 역설

6　김광연, 「인공지능 및 사이버휴먼 시대의 윤리적 논쟁과 규범윤리의 요청」, 『인문학연구』, 제57권 제2호, 2018, pp.55~77.

영화가 아니다, '필라델피아 좀비랜드'로 불리는 약물·노숙 위기 현장 거리 모습
(출처 : YouTube 「KBS 세계는 지금」)

은 이동과 의지를 상실한 '좀비적 존재'로 재현된다. 스크린과 편의의 회로에 의존하는 그들의 삶은 육체적 포식 대신 욕망의 소진, 정체성의 침식, 사회적 무관심의 결정화를 드러낸다. 오늘의 좀비는 물어뜯는 괴수라기보다, 연결 과잉과 고립이 동시에 심화된 세계에서 발생하는 집단적 무감각의 서사적 형상인 셈이다.

기술의 고도화와 함께 괴물은 점차 인간과 식별 불가능한 존재로 수렴한다. 사이보그 · 바이러스 · 좀비는 더 이상 외부에서 침입하는 타자가 아니라, 인간 문명의 심층에서 발생하는 산물이다. 이들은 우리가 구축한 시스템의 부산물이자, 통제 불능 상태에 이른 인간성의 자화상이다. 따라서 현대의 괴물은 사회가 외면해 온 균열과 어둠을 가시화하는 육체적 진실로 기능한다. 괴물은 소멸하지 않는다. 그것은 형태를 바꿔 되돌아오는 우리 자신이기 때문이다.

9) 한국영화 속 괴물 형상 변화 – 사회·감정·군중

한국 영화의 괴물은 상상의 산물에 그치지 않는다. 그것은 사회적 불안, 시대의 상처, 억압된 감정이 응축된 형상이다. 괴물은 언제나 시대정신을 짊어지고 나타나며, 그에 따라 얼굴과 의미를 끊임없이 바꾸어 왔다.

2006년 봉준호 감독의 〈괴물〉은 한국 괴수 영화의 분기점이다. 이 괴물은 전통적인 외부 침입자가 아니다. 미국 군대가 한강에 불법 방류한 화학 폐기물로 인해 탄생한 돌연변이 생물이다. 〈괴물〉의 핵심은 괴물 자체보다, 그 괴물을 둘러싼 국가와 가족의 대응이다. 정부의 무능, 미국의 오만, 언론의 조작, 그리고 가족의 분투는 이 영화에서 괴물을 단지 '무서운 존재'가 아니라, 한국 사회의 불안정한 권력 구조와 감정적 진실을 떠안은 '정치적 존재'로 만든다. 괴물은 타자이지만, 동시에 한국 사회 내부의 균열이 낳은 자식이다.

시간을 조금 거슬러 올라가면, 괴물은 공포의 대명사라기보다 은유와 상징의 얼굴로 존재해왔다. 임권택의 〈서편제〉(1993)와 〈춘향뎐〉(2000)에는 물리적 괴물이 등장하지 않는다. 대신 억압적인 가부장제, 권력의 작동 방식이 괴물처럼 기능한다. 형체를 가진 괴수가 아니라, 제도와 위계가 빚어낸 괴물성이 서사 곳곳에 스며드는 것이다. 보이지 않는 이 괴물은 인물들의 고통과 희생을 통해 체감 가능한 현실로 떠오르며, 우리가 외면해 온 억압의 구조를 선연하게 드러낸다.

이후 〈연가시〉(박정우, 2012)와 〈부산행〉(연상호, 2016), 〈킹덤〉(김성훈, 2019)으로 이어지는 좀비 서사의 유행은, 한국 사회를 감도는 통제 불능의 위기감과 맞닿아 있다. 〈부산행〉의 좀비는 감염병의 공포를 넘어 계층 갈등과 이기성, 재난 앞에서 드러나는 인간의 민낯을 폭로한다. 이때 괴물은 외부에서 침투하는 타자가 아니라, 점차 '내 안의 괴물', 곧 우리 사회 내부에 잠복한 파괴성으로 재구성된다. 그것은 바이러스처럼 증식하고, 자본처럼 침투하며, 혐오의 언어처럼 일상을 오염시킨다.

〈승리호〉(조성희, 2021)처럼 미래 우주를 배경으로 한 한국 SF 영화에서 괴물은 다시 새로운 형상을 갖는다. 이 괴물은 더 이상 육체적 위협이 아니라, 시스템과 자본의 압도적 지배 속에서 인간의 존엄이 사라질 때 나타나는 존재다. 괴물은 기술의 이름으로 인간을 통제하고, 인간성 자체를 위협한다.

한국 영화 속 괴물은 점점 더 복잡해지고 있다. 괴물은 단지 이질적인 것이 아니라, 우리 사회의 구조적 모순, 감정의 단절, 역사적 트라우마가 응축된 산물이다. 그리고 그 변화의 궤적을 따라가다 보면, 우리는 괴물을 통해 한국 사회의 자화상을 들여다보게 된다.

10) 결론 – 괴물은 결국 인간이다

괴물은 외부에 있지 않다. 괴물은 언제나 우리 안에 있었다. 그것은 어두운 밤에 창문 안을 응시하는 이질적인 존재가 아니라, 아침마다 거울 속에서 마주하는 나의 그림자다. 괴물은 인간이 두려워하는 모든 것이다. 죽음, 질병, 타자, 욕망, 실패, 그리고 통제되지 않는 감정들. 우리는 괴물이 되지 않으려 애쓰는 존재지만, 동시에 늘 그 경계에 서 있는 가능성이다.

괴물 영화는 단순한 공포의 장르가 아니다. 그것은 인간 존재를 향한 질문의 형식이다. 우리는 왜 괴물을 만들고, 왜 그것에 두려움을 느끼는가. 괴물은 단지 인간을 위협하는 존재가 아니라, 인간 그 자체의 은유다. 기술의 괴물, 바이러스의 괴물, 사회적 괴물, 내면의 괴물. 이 모든 것들이 결국은 인간의 욕망, 공포, 불안의 변형된 얼굴이다.

고전 괴물 '프랑켄슈타인'은 인간이 신의 자리를 욕망하며 만든 존재였다. 그러나 결국 그 괴물이 복수한 대상은 자신을 만든 인간이었다. 〈킹콩〉에서 괴물은 사랑을 느끼고, 〈쉐이프 오브 워터: 사랑의 모양〉에서 괴물은 구원과 교감을 실현하며, 〈엑스 마키나〉에서 괴물은 인간성을 학습하고 인간을 능가한다. 괴물은 늘 우리보다 '덜' 인간적인 것처럼 보이지만, 아이러니하게도 가장 인간적인 감정―외로움, 사랑, 소외―을 통해 인간의 본질을 폭로한다.

괴물은 끊임없이 경계를 위협한다. 인간과 비인간, 자기와 타자, 정상과 비정상, 중심과 주변의 경계를 허문다. 그래서 괴물은 불편하고도 매혹적인 존재다. 괴물을 응시하는 순간, 우리는 자신을 마주한다. 괴물은 우리에게 묻는다. "너는 정말 나와 다른가?" 그 질문 앞에서 우리는 침묵할 수밖에 없다.

괴물의 시대는 끝나지 않았다. 오히려 지금, 이 순간 그 어느 때보다도 괴물은 활발히 진화하고 있다. 인공지능, 기후 재앙, 혐오와 배제, 감정의 단절과 디지털 고립. 모두가 새로운 형태의 괴물이다. 우리는 여전히 괴물과 공존하며, 때로는 그 괴물을 생산하는 존재로 살아간다.

결국 괴물은 타자가 아니다. 괴물은 우리다. 괴물은 우리가 억눌렀던 욕망이며, 외면했던 진실이며, 잊은 줄 알았던 두려움이다. 괴물을 응시한다는 것은 곧 인간 자신을 성찰하는 일이다. 그러므로 "나는 누구인가, 나의 괴물은 어디에 있는가?"라는 물음은 단순한 수사적 질문이 아니라, 현대 사회에서 인간이 자신의 조건을 재확인하는 가장 급진적인 사유의 방식이다.

2장
괴물은 어디서 오는가
: 한국 공포영화의 얼굴들

| 윤필립 |

1) 괴물은 인간의 욕망이 만든 그림자인가?

괴물은 인간의 욕망이 만든 그림자다. 문학적 수사에 가까운 이 표현은 정신분석학, 영화이론, 문화연구의 관점을 종합해 보면 충분히 정당화할 수 있는 등식이다. 이 명제는 단순히 괴물을 외부에서 온 위협이나 불가해한 존재로 보는 전통적 시각에서 벗어나 인간 내부에 억눌린 감정과 욕망이 외면화되어 나타난 형상임을 전제한다.

우선, 프로이트는 우리가 공포를 느끼는 이유를 외부의 낯섦 때문이 아니라 오히려 그것이 과거에 친숙했던 것 즉, 억압된 무의식이 다시 등장하기 때문이라고 보았다. 괴물은 이 억눌린 무의식의 형상이며 인간 내부의 금기된 욕망이 상징적으로 회귀하는 방식이라는 것이다. 예를 들어, 가족에 대한 공격적 충동, 성적 금기, 죽음 충동 같은 것들이 억제되었을 때 그것은 상징적으로 괴물의 모습으로

〈장화홍련〉 공식 포스터 ⓒ 네이버 영화

돌아온다. 따라서 괴물은 타자가 아니라 자아의 그림자이며, '나 아닌 것'이 아니라 '나였던 것' 또는 '나일 수 있는 것'이다.

이와 연결되는 지점에 융의 '그림자' 개념이 있는데, 이는 괴물이 인간의 욕망이 만든 그림자라는 등식을 더욱 뚜렷하게 뒷받침한다. 융은 개인의 무의식뿐 아니라 집단무의식 속에도 억압된 욕망과 본능이 있으며, 이를 직면하지 않고 부정할수록 그림자는 커진다고 보았다. 곧 괴물은 그 그림자의 형상화된 이미지이자 결국 인간이 직면하기 두려워한 자아의 일부인 것이다. 이러한 의미에서 공포영화 속 괴물은 그림자 즉, 사회적 정체성과 이상적 자아에 가려진 진짜 욕망의 형상이라고 할 수 있겠다.

영화이론에서는 코헨의 『괴물론』이 이 등식을 문화적 층위에서 설명한다. 코헨은 괴물을 사회가 외면한 가치, 억압한 욕망, 금기시한 행동들이 집합된 형상으로 정의한다. 그는 괴물이 사회적 경계를 교란하는 존재이며, 이를 통해 공동체는 스스로의 규범을 점검하고 강화한다고 보았다. 이 맥락에서 괴물은 사회가 스스로 배제한 타자이자 은폐해 온 욕망의 구현으로, 그것은 한 공동체가 억누르고 추방한 것들의 복귀이며 그 자체로 문화적 무의식의 표현이다.

더 나아가 장르 이론의 관점에서 괴물은 관객이 체화한 불안과 충동을 상징화한 대상이다. 릭 알트먼은 공포영화를 감정 해소의 제의적 장치로 해석하면서, 괴물을 장르 내 정서적 긴장의 응집체로 보았다. 이때 괴물은 단지 이야기의 악역이 아니라 관객이 억누른 욕망과 두려움을 극장에서 안전하게 소비하게 해주는 상징적 존재로 기능한다. 이때 공포의 대상은 관객 스스로가 억누르고 싶었던 감정이며, 괴물을 죽이는 결말은 그 감정을 다시 무의식 속으로 봉합하는 절차이다.

한국 공포영화에서 이 등식은 특히 명확하게 드러난다. 〈장화, 홍련〉(김지운, 2003)의 귀신은 주인공의 죄책감이 만든 환영이고, 〈괴물〉(봉준호, 2006) 속 괴생명체는 무책임한 권력과 산업사회가 낳은 재앙이며, 〈곡성〉(나홍진, 2016)의 악령은 공동체가 이해할 수 없는 불안을 대면하지 못하고 만들어낸 투사물이다. 여기에 〈부산행〉(연상호, 2016)은 감염된 좀비를 통해, 〈기기괴괴 성형수〉(조경훈, 2020)는 괴물화되어 가는 여성을 통해 도시화, 자본주의, 이기주의,

〈부산행〉 수안이 역사에서 좀비의 습격을 목격하는 장면 ⓒ 네이버 영화

외모지상주의 등으로 대변되는 현대 사회의 구조적 불안을 드러낸다. 특히, 최근 한국 공포영화에서 자주 소비되는 좀비 캐릭터는 단지 생물학적 감염체가 아니라, 인간성이 퇴화한 사회적 존재로 재현된다. 더 나아가 〈부산행〉에서 열차라는 폐쇄된 공간에서 타인을 배려하지 않고 자신만 살겠다는 일부 승객들의 이기심은 오히려 좀비보다 더 큰 공포를 만들어낸다. 이처럼 〈부산행〉의 괴물은 인간 사회가 만든 괴물인 동시에 우리가 외면해 온 무관심과 이기심의 결정체로 볼 수 있다. 이는 괴물이 나의 밖이 아니라 내 안에 있다는 명제를 다시금 증명하는 예이다.

이 모든 사례에서 괴물은 '거기 있는 것'이 아니라 '내 안에 있는 것'이다. 그것은 외부에서 출현한 존재가 아니라 억눌리고 억압된 감정과 욕망이 형상을 얻은 결과이다. 다시 말해, 괴물은 타자의 모습으로 나타나지만 실상은 스스로의 일면이자 인간 사회가 마주하길 꺼려온 정념과 불안의 표상이 된다. 요약하자면, 괴물이란 고정된 실체가 아니라 일종의 상징이며, 인간의 욕망과 감정, 사회적 억압이 만들어낸 형상이다. 따라서 '괴물은 인간 욕망의 그림자'라는 등식은 단지 시적인 표현이 아니라, 이론적으로도 타당한 문화분석적 해석이라 할 수 있다. 이러한 관점을 통해 괴물을 타자화된 존재가 아닌 인간 자체의 확장으로 바라보는 시선이 가능해지며, 이를 통해 괴물을 매개로 인간의 내면과 사회 구조의 경계를 동시에 재조명할 수 있다.

2) 내 안의 괴물: 한국 공포영화가 그려낸 사회의 그림자

한국 공포영화는 종종 귀신과 혼령, 악령, 괴생명체, 좀비, 빙의와 같은 다양한 괴물의 얼굴을 빌려 한국 사회가 말하지 못한 것을 대변해 왔다. 앞서 언급한 것처럼 공포영화 장르의 괴물은 단순한 시각적 충격이나 오락적 장치로만 기능하지 않는다. 오히려 그것은 우리가 외면해 온 트라우마, 억압된 감정, 구조적 결핍 그리고 무의식적인 집단적 욕망의 은유로 기능한다. 괴물은 저기 있는 것이 아니라 여기 또는 내 안에 있는 것으로, 한국 사회는 공포영화를 통해 자신을 둘러싼 불안을 비로소 형상화하여 직시할 수 있었고, 그 형상이 바로 괴물이다. 한국 공포영화 속에 등장하는 그러한 괴물은 몇 가지로 유형화할 수 있다.

우선, 죄책감과 트라우마의 귀환인 심리적 괴물을 들 수 있는데, 〈

〈괴물〉 괴물을 피해 도망치던 강두가 딸을 발견하는 장면 ⓒ 네이버 영화

과 전쟁 트라우마가 만들어낸 심리적 환영에 가깝다. 이러한 영화들은 단순히 공포를 유발하기보다 괴물을 통해 인간 내면의 어두운 심리를 들여다본다. 그러한 점에서 괴물은 주인공의 그림자이며, 그것을 직면하는 순간은 곧 자기 고백의 순간이 된다.

다음으로, 한 공동체가 만들어낸 사회적 괴물이 있다. 봉준호 감독의 〈괴물〉은 괴수영화가 현실을 다루는 방식의 모범사례라 할 수 있다. 이 영화에서 한강에 나타난 돌연변이 괴물은 미국 군부의 생화학 물질 방류로 인해 탄생한 것으로, 명백히 인간이 만든 괴물이다. 따라서 그 괴물은 외부에서 온 위협이 아니라 인간 문명의 오만과 무책임, 시스템의 붕괴가 빚어낸 존재라고 할 수 있겠다. 이러한 사회적 괴물의 계보는 〈부산행〉에서도 이어진다. 연상호 감독의 이 작품에 등장하는 좀비는 단순한 감염체라기보다 이기심, 배제, 계급 격차 등 한국 사회가 앓고 있는 여러 문제를 은유한다. 열차라는 폐쇄된 공간은 거대한 실험실이며, 누가 괴물인지 판단이 모호해지는 상황은 정상과 괴물 사이의 경계를 흐려놓는다. 〈반도〉(연상호, 2020)와 같은 후속작에서도 인간성을 잃은 비감염자들이 괴물보다 더 끔찍한 존재로 묘사된다. 생존을 위해 인간다움을 포기한 이들은 감염자보다 더 위험하며, 여기서 괴물은 타자가 아니라 바로 나 혹은 우리가 될 수 있는 존재이다.

2010년대에 들어와 한국 공포영화에서 빼놓을 수 없는 것이 바로 믿음의 균열이 낳은 악으로서의 초자연적 괴물이다. 〈곡성〉은 종교적 공포와 악령의 이야기를 다루면서도 괴물의 정체를 끝까지 확정하지 않는다. '일본인 노인이 괴물인가?', '하얀 옷의 여인은?', '무당은 믿을 만한가?' 등 영화는 끊임없이 관객의 믿음을 시험하면서 어떤 결론도 쉽게 내릴 수 없게 만든다. 이 괴물은 단지 악한 존재가 아니라 인간의 맹신, 불신, 불안이 뒤엉켜 만들어낸 복합적 이미지라고 할 수 있겠다. 이와 유사하게 〈변신〉(김홍선, 2019)에서도 가족 안에 스며든 악령이라는 설정을 통해 믿음과 의심 사이의 균열을 조명한다. 악령은 얼굴을 바꾸며 가족을 흉내 내며 결국 가족 간의 신뢰를 무너뜨린다. 이 괴물은 단지 외부의 악령이 아니라 내부에서 이미 균열을 일으킨 공동체의 은유로 보인다. 이 과정에서 괴물은 존재했을 수도 있고 아니었을 수도 있는데, 중요한 것은 괴물이 아닌 불신이 어떻게 괴물로 작동하는가이다. 이러한 초자연적 괴물은 전통적 샤머니즘, 기독교, 불교적 세계관이 중첩된 한국 사회의 종교 문화 속에서 더욱 복합적으로 구현된다. 이때 괴물은 단순한 이교도의 위협이

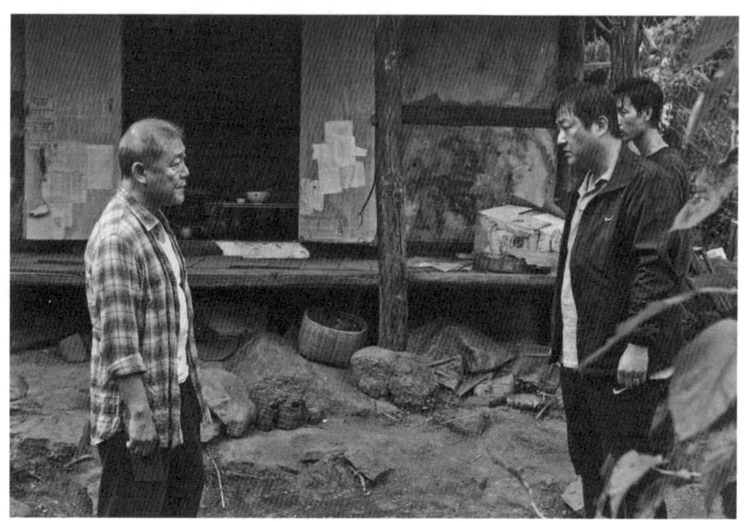

〈곡성〉 종구와 이삼이 외지인을 만나는 장면 ⓒ 네이버 영화

나 초월적 공포가 아니라 믿음이 무너질 때 탄생하는 정체불명의 존재이다.

최근에는 외모와 관련된 사회적 폭력이 낳은 욕망의 괴물이 등장하고 있다. 일례로, 2020년작 애니메이션 〈기기괴괴 성형수〉는 외모지상주의를 괴물의 형상으로 치환한 기발한 작품으로, 이 영화에서 괴물은 타고난 것이 아니라 스스로 만들어낸 것이다. 성형 수술을 통해 미모를 얻은 주인공은 점차 자신의 얼굴이 녹아내리는 공포를 경험한다. 이때 괴물은 사회가 만들어낸 규범 특히, 예뻐야 한다는 강박의 산물이다. 여기서 그 괴물은 타자가 아니라 타자가 되지 않으려다가 괴물이 된 자아로 해석되며, 그 욕망은 자기혐오로 이어지고 사회가 부여한 가치에 스스로를 꿰맞추려 한 결과는 파국에 다다른다. 이

<여고괴담> 지오와 은영이 재이와 조우하는 장면 ⓒ 네이버 영화

한(恨)이 그 중심에 있다. 비슷하게, <령>(김태경, 2004)과 <분신사바>(안병기, 2004) 등에서도 귀신은 억울함, 배제, 트라우마의 은유로 캐릭터화된다. 이는 융의 이론에서 말하는 '그림자' 개념과도 밀접하게 연결된다고 볼 수 있다.

이상을 종합해 보면 한국 공포영화 속 괴물은 결국 우리 사회가 외면한 것의 얼굴이라 할 수 있겠다. 그것은 각각의 사회적 배경, 문화적 맥락, 심리적 구조를 반영하며, 외부에서 갑자기 출몰하지 않는다. 괴물은 언제나 우리 안에서 자라났고, 어떤 조건이 충족되었을 때 형체를 얻는다. 괴물이란 실체가 아니라 상징이며, 그 상징은 사회의 균열, 자아의 파열, 기억의 잔해로 이루어져 있다. 그렇기에 괴물은 단지 죽여야 할 존재가 아니며, 괴물을 통해 우리는 어떤 욕망을 품고 살아가는지, 무엇을 두려워하고, 무엇을 억누르고 있는지를 비로소 마주하게 된다. 그래서 괴물은 무섭기보다 슬프고, 낯설기보다 익숙하다. 그것이 곧 나, 혹은 우리 안의 그림자이기 때문이다. 결론적으로, 괴물은 타자가 아니라 인간의 형상이며, 그 형상이야말로 한국 공포영화가 끊임없이 탐색해 온 진정한 주인공이라 할 수 있다.

3) 〈아메바 소녀들과 학교괴담: 개교기념일〉 속 그림자, 욕망, 유희

지금까지 살펴본 것처럼, 한국 공포영화는 괴물의 형상을 통해 사회가 억압한 감정과 욕망을 끌어내는 데 탁월한 감수성을 보여 왔다. 이때 괴물은 그저 낯선 존재가 아니라 익숙해서 더 무서운 존재 즉, 내 안의 어떤 것이다. 이에 관한 이론들을 종합해 보면, 프로이트는 '기괴함(unheimlich)'이란 개념을 통해 공포는 외부가 아니라 무의식의 귀환에서 비롯된다고 보았고, 융은 그것을 '그림자'라고 불렀다. 또한, 코헨은 괴물을 사회가 억압한 금기의 표상으로 읽었고, 릭 알트먼은 공포영화를 감정 해소의 제의라 규정했다. 이 모든 이론은 하나의 결론으로 수렴된다. 즉, 괴물은 타자가 아니라 우리 자신의 일부라는 것이다. 이 관점에서 보면 공포영화의 괴물은 결국 인간이 만들어낸 환영이며, 그 환영은 억눌린 욕망, 죄의식, 불안, 사회 구조 속 금기와 억압에서 태어난다. 2024년 개봉한 〈아메바 소녀들과 학교괴담: 개교기념일〉(김민하, 이하 〈아메바 소녀들〉)은 이 등식 위에 서 있다. 제목만 봐도 장르적 유희와 익숙한 클리셰를 전면에 내세우지만 그 안에는 더 복합적인 욕망의 층위, 집단 심리, 정체성의 불안 그리고 한국 사회가 공유하는 청소년기의 무게 혹은 버거움이 들어 있

〈아메바 소녀들과 학교괴담: 개교기념일〉 공식 포스터 ⓒ 네이버 영화

다. 여기서는 이 작품을 통해 현대 한국 공포영화가 어떻게 괴물을 욕망의 형상으로 구축하는지를 분석하고자 한다.

영화는 1998년 세강여고 괴담으로 시작한다. 귀신과 숨바꼭질을 하다 귀신에게 잡히지 않으면 수능 만점을 받을 수 있지만 실패하면 저주받는다는 이 전설은, 한 세대를 관통한 후 2024년의 여고생들에 게 또다시 귀환한다. 여기서 학교라는 공간은 한국 사회에서 단순한 학습의 장소가 아니라 계급의 사다리이며 정체성의 경연장이자 미 래를 약속받기 위한 성과의 무대로 읽힌다. 그 속에서 입에서 입으로 전해지는 귀신이나 괴담은 단지 오싹함을 위한 장치가 아니라 체계에서 밀려난 자, 목소리를 잃은 자, 실패자, 부적응자, 불만과 분노의 잔류물 등으로 보인다. 곧, 괴담은 시스템이 만든 괴물의 말 없는 언어인 것이다.

〈아메바 소녀들〉은 이 괴담을 모의고사 8등급에 머문 주인공 지연(김도연)의 카메라 렌즈를 통해 다시 호출한다. 지연은 괴담이 찍힌 비디오 테이프를 발견함으로써 입시 세계의 다른 가능성을 찾고 싶어 하지만 그 시도는 단지 예술적 실험이 아닌 자기 정체성과 욕망이 외면화된 환영을 마주하는 통과의례가 된다. 이때 공간적 배경으로 설정되는 학교는 철저하게 등수와 숫자로 환산되는 세계이다. 모의고사 성적, 수행평가, 자소서, 동아리 실적, 학생부 등 모든 것이 점수화되고 평가되며 그에 따라 계급이 형성된다. 이 세계 속에서 성공이란 제도에 순응한 결과로 주어지는 보상이자 당연한 목표가 된다. 〈아메바 소녀들〉의 괴물은 이러한 구조 안에서 형성된 집단무의식이 낳은 결과물이라 할 수 있다. 그 괴물이 제시하는 숨바꼭질이라는 게임은 아이러니하게도 불공정 게임이며, 걸리면 저주받고 이기면 특혜를 받는 방식은 한국 교육 시스템의 은유적 극화이다. 이 영화에서 괴물은 점수로 환산될 수 없는 등장인물들의 자질, 재능, 정체성을 제거하려 들며, 그저 좋은 대학과 상위 등급만을 추구하는 문화의 부조리를 가시화한다. 결과적으로, 〈아메바 소녀들〉 속의 괴물은 성과주의 시스템의 얼굴 없는 심판자로 기능한다.

이 영화에서 '아메바'란 이름은 이 네 명의 주인공들이 자조적으로 붙인 것이다. 이름도 기능도 뚜렷하지 않은 정체불명의 존재로서 자신들을 규정한 것이다. 여기서 괴물은 외부의 귀신이 아니라 스스로

〈아메바 소녀들과 학교괴담: 개교기념일〉 지연이 은별과 현정에게 학교 괴담에 관한
비디오 테이프를 언급하는 장면 ⓒ 네이버 영화

규정한 자아의 불완전성이 현실로 귀환한 것이다. 예를 들어, 지연은
영화감독을 꿈꾸지만 현실은 대학 진학조차 어려운 8등급 고3이다.
또 은별(손주연)은 SNS 브이로그로 성공하고 싶어 하지만 팔로워는
미비하며, 민주(정하담)와 현정(강신희)은 스스로의 개성보다는 각
각 종교와 기술이라는 틀에서 자신을 찾으려 한다. 이들의 욕망은 자
기표현에 대한 갈망이지만 동시에 타인으로부터의 인정을 전제로 한
다. 바로 이러한 모순이 괴물로 변모하는 통로의 문을 연다. 귀신은
'타자의 응시'이며, 그 응시 앞에서 이들은 스스로가 괴물일 수 있음
을 자각한다. 융이 언급한 '그림자'는 우리가 인정하지 않으려는 자아
의 일부라는 점에서 이 영화의 괴물은 아메바 소녀들이 미처 직면하
지 못했던 진실한 자기 자신일 수 있다.

한편, 〈아메바 소녀들〉은 공포 장르의 클리셰를 풍자적으로 다룬다. 귀신의 등장, 숨바꼭질, 어두운 복도, 비명, 비디오테이프 같은 요소들이 잇따라 등장하지만 이들은 어느 순간 웃음과 유희의 코드로 전환된다. 바로 이 지점이 영화의 핵심 미학이다. 공포와 유머는 모두 긴장의 파열을 통해 카타르시스를 유도한다. 이 영화는 두 감정을 번갈아 사용하면서 괴물의 존재를 실체가 아닌 해석 가능한 상징으로 전환시킨다. 이러한 장르적 조작은 결국 관객으로 하여금 괴물을 죽이는 대신 이해하고 넘기는 정화(카타르시스)의 순간을 제공한다. 이 과정에서 괴물은 타자가 아니라 내 안의 욕망이었으며, 그 욕망은 수치스러운 것이 아니라 인정하고 끌어안아야 할 자기 정체성의 일부라는 결론에 이른다. 〈아메바 소녀들〉은 괴담이라는 전통적 서사 구조 안에 현대 한국 청소년의 정체성 위기, 자기표현 욕망, 시스템에 대한 불신을 절묘하게 끌어안는다.

이 영화에서 괴물은 유령도 아니고 악령도 아니다. 그저 등장인물들의 욕망이 형체를 얻었을 뿐이다. 이는 과연 공포란 무엇인가라는 질문에 대한 답에 해당한다. 즉, 〈아메바 소녀들〉에서 공포는 정체 모를 괴생명체가 아니라 나 자신에 대한 불확실성, 사회로부터의 소외, 실패에 대한 두려움 그리고 나 말고는 아무도 인정해 주지 않는 나에 대한 감정으로, 이 영화에서 괴물은 그 감정의 극단이라고 볼 수 있겠다. 그래서 괴물은 언제나 돌아온다. 그것은 외부로부터 오는 것이 아니라 우리 내부에서, 우리 사이에서, 우리 자신으로부터 다시 태어난다. 〈아메바 소녀들〉은 이 괴물을 웃으며 마주하게 만드는 영화이기에 가볍지만 결코 가볍지 않은 공포이다. 그 이유는 이 영화에서 마주하는 귀신 혹은 괴담이 바로 지금, 우리 모두가 만들어내고 있는 일상의 괴물에 대한 정직한 자각일 수 있기 때문이다.

4) 슬랩스틱의 얼굴을 쓴 그림자, 〈핸섬 가이즈〉

〈핸섬 가이즈〉(남동협, 2024)는 얼핏 보면 공포 장르의 외피를 쓴 코믹 호러이지만 그 표면 아래엔 정체성 불안, 외모 강박, 남성성 신화에 대한 조롱과 불안을 품고 있는 매우 흥미로운 영화이다. 극도로 B급스러운 장면 구성과 전형적인 클리셰의 과잉은 장르적 유희를 구현하는 동시에 공포 장르의 규칙을 조롱하고 비틀며, 괴물이라는 형상이 어떻게 우리 안의 욕망에서 파생되는지를 역설적으로 보여준다. 괴물은 때때로 무섭기보다 어리석고, 공포는 직선적 비명보다 뒤틀린 우스꽝스러움에서 비롯된다. 그렇기에 이 영화는 단순한 웃음의 영역에 머무르지 않고 괴물이라는 메타포가 얼마나 우리의 무의식 속 불안과 조우하는지를 풍자적 감각으로 보여준다.

주인공 재필(이성민)과 상구(이희준)는 도시의 삶에 지쳐 외딴 시골집으로 이주해 온, 자칭 '핸섬 가이즈'이다. 그러나 두 남자의 외모는 사회적으로 통용되는 '핸섬'과는 거리가 있다. 이 명백한 역설은 영화의 핵심 농담이자 핵심 괴물성의 시작점이다. 그들이 아무리 핸섬하다고 주장해도 세상은 그렇지 않다고 말한다. 이 단순한 유머 구조 속에는 타인의 시선에 의해 규정되는 정체성의 불안이 응축되어 있다. 외모는 현대 한국 사회에서 자기 자신을 평가받는 최전선인데, 이 영화는 바로 그 영역을 전면에 내세운다.

두 남자가 이사한 집에는 오랜 비밀이 숨겨져 있다. 그 집은 악마

〈핸섬 가이즈〉 공식 포스터 ⓒ 네이버 영화

숭배 의식을 치르던 사교 집단의 은신처였으나 이 두 '핸섬 가이즈'
는 그에 대한 정보가 전혀 없이 그 집에 도착한 이후 일련의 기괴한
사건들을 마주하게 된다. 여기서 〈핸섬 가이즈〉는 전통적인 공포영
화의 도식을 따르는데, 폐쇄된 공간, 과거의 비밀, 밤마다 들려오는
의문의 소리, 불청객의 침입, 악마의 부활 등이 그러한 장치로 등장한
다. 그러나 이 모든 장치는 지금까지 공포영화에서 소비해 왔던 장르
적 전형성과의 게임에 불과하다. 괴물은 악마로 등장하지만 진짜 괴
물은 이 공간에서 '핸섬하다'고 착각한 인간들의 자아로도 해석되기

때문이다.

괴물 이론의 고전적 도식에 따르면 괴물은 억압된 욕망의 형상이다. 〈핸섬 가이즈〉에서는 외모에 대한 집착, 남성성에 대한 판타지, 무기력한 자기 삶에 대한 불만이 그 원형이 된다. 두 남자는 시골에서 새로운 삶을 시작하려 하지만 그 욕망은 타인으로부터 완전히 자유롭지 않다. 그들은 "여기선 누가 뭐라 해도 우리가 잘생긴 거야!"라고 말하지만 이는 스스로에 대한 주문이자 방어기제에 지나지 않는다. 사회가 부여하는 미의 기준을 벗어났다는 자각은 자존감으로 환원되지 않고 억눌린 열등감으로 저장된다. 이 억압된 감정은 괴물이라는 형상으로 전이되며 영화는 이 괴물들이 악령처럼 돌아와 공간을 휘젓게 만든다.

주목할 지점은 이 영화가 괴물을 결코 무섭게 묘사하지 않는다는 점이다. 괴물은 어설프고 과장되며 때론 한심하다. 이것은 괴물의 존재론적 위치를 다시 묻는 방식이다. 괴물은 정말 외부에서 온 타자인가? 아니면 스스로 조롱하며 자학하는 내면의 자아인가? 이러한 질문은 융의 그림자 개념과 정확히 일치한다. 융은 우리가 거부하는 자기 일부가 바로 '그림자'가 된다고 보았다. 〈핸섬 가이즈〉의 괴물은 그래서 마치 스스로를 연기하는 듯한 형상으로 등장한다. 그들은 두려운 존재가 아니라 자기혐오의 유희적 극화다.

괴물은 성적 판타지와도 연결된다. 두 남자 주변엔 매혹적인 여성들이 존재하며 그들의 관심을 얻으려는 남성 캐릭터들의 몸부림은 우스꽝스럽고 과장되어 있다. 여기서 성적 욕망은 억제되지 않으며 오히려 극적으로 과잉된다. 그 과잉은 익살스럽고 폭력적이며 때로는 혐오스럽다. 괴물은 바로 그 지점에서 태어난다. 사회가 억제하고

〈핸섬 가이즈〉 상구와 재필이 이사 온 집에서 뜻밖의 사건에 휘말리는 장면 ⓒ 네이버 영화

통제하고자 하는 욕망은 언제나 과잉 속에서 형체를 얻고 이 영화는 그것을 코미디의 형식으로 해소한다.

〈아메바 소녀들〉이 괴담을 통해 입시사회에 대한 불안을 형상화했다면 〈핸섬 가이즈〉는 코믹 슬래셔의 형식을 빌려 남성성 신화에 대한 조롱과 사회적 욕망의 왜곡을 드러낸다. 두 영화는 완전히 다른 스타일을 지녔지만 괴물의 기원을 추적하는 방식에선 공통적으로 내면의 구조에 주목한다. 핸섬하지 않은 이들이 스스로를 핸섬하다고 믿는 것은 단지 유머가 아니다. 그것은 '핸섬'이라는 기표 자체가 얼마나 사회적으로 구성된 허상인지를 드러낸다. 그리고 이 허상을 믿고 사는 모든 이들은 이미 괴물이라 볼 수 있겠다.

영화 후반부에 등장하는 악마 숭배 집단은 제도화된 종교나 사회

규범의 패러디로 읽힌다. 그들은 자신들만의 의식과 언어를 갖고 있으며, 그 속에서 선과 악의 기준은 완전히 뒤집힌다. 이는 코헨이 말하는 괴물은 규범의 경계에서 출몰한다는 명제를 실증하는 사례로 해석된다. 사회가 말하는 '좋음', '아름다움', '정상'의 기준이 깨질 때, 괴물은 그 균열을 파고든다. 그리고 그 균열을 막기 위해 다시금 규범은 강화되지만 〈핸섬 가이즈〉는 이를 거부한다. 이 영화에서 괴물은 죽지 않고 웃으며, 그 웃음 속에는 자기기만, 슬픔과 연민, 두려움과 포기 등이 공존한다.

그래서 이 영화를 공포보다도 익숙한 자기혐오를 형상화한 잔혹 희극이라고 할 수 있는 것이다. 웃음은 단지 관객들에게 즐거움이나 오락성만을 주지 않는다. 그것은 불편함을 부추기고 공포보다 더 깊숙이 들어온다. 웃음의 대상이 내가 될 때 그 감정은 단순한 코미디가 아닌 자기 인식의 계기가 되기 때문이다. 영화 〈핸섬 가이즈〉는 그 불편함을 끝까지 밀어붙임으로써 괴물은 무섭지 않게 되고, 두 '핸섬 가이즈'는 끝까지 웃으며 살아남는다. 여기서 한 가지 중요한 사실은, 이들이 살아남았다고 해서 구원받은 것이 아니라는 것이다. 이들 '핸섬 가이즈'는 끝내 괴물로서의 자기 자신을 받아들인 괴물 그 자체라고 할 수 있다.

이 영화는 공포영화의 문법을 빌리지만 그것을 뒤집고 흩트리며 새롭게 쓰는 포스트모던적 호러이자 자기 해체적 슬랩스틱이다. 공포는 결코 형식에 국한되지 않으며, 그것은 인간의 조건, 사회의 시선, 타자의 기대로부터 발생한다. 이 영화는 그러한 공포를 웃음이라는 무기로 비틀어내며, 이는 가볍고도 깊은 공포로 작용하여 익살스럽지만 결코 가볍지 않게 무의식 깊은 곳을 찌른다. 결국 괴물은 우리 안에서 시작된다. '핸섬하다'는 환상, 누군가 되고 싶다는 욕망, 그럼에도 그럴 수 없다는 무력감. 이 모든 감정이 얽혀 괴물이 된다. 〈핸섬 가이즈〉는 그것을 부정하지 않고 오히려 적극적으로 받아들이며, 괴물과 함께 살아가겠다고 선언한다. 그렇기에 이 영화는 비웃음을 유도하면서도 어디선가 우리 자신을 비추는 불쾌한 거울로 기능한다. 괴물은 웃고 있었고, 그 괴물의 얼굴은 결국 내 얼굴이었던 것이다.

5) 괴물, 나를 비추는 거울

우리가 괴물을 보며 두려움을 느끼는 이유는 그것이 낯설기 때문이 아니다. 오히려 그것은 너무도 익숙한 무엇이기 때문에 무섭다. 괴물은 언제나 우리의 일부이며 그렇기에 괴물을 마주하는 순간 우리는 자신의 내면을 들여다보게 된다. 이 점에서 공포영화는 단순한 장르를 넘어 하나의 문화적 거울이자 심리적 탐색의 장이다. 괴물을 어떻게 형상화하고 어떻게 소멸시키며 어떻게 받아들이는가에 따라 우리는 그 사회가 지니고 있는 무의식의 풍경을 엿볼 수 있다.

〈아메바 소녀들〉과 〈핸섬 가이즈〉는 이와 같은 괴물의 '낯익음'을 매우 다른 방식으로 드러낸다. 전자는 공포 장르의 문법을 충실히 따르되 유머를 삽입함으로써 사회적 불안을 직조하고, 후자는 슬랩스틱과 장르 해체를 통해 공포 그 자체를 '웃음'이라는 낯설고도 효과적인 방식으로 전환시킨다. 이 두 영화는 괴물이 반드시 무서워야 한다는 공포 장르의 관습적 명제를 부정하고, 괴물이 곧 우리의 상처이고 자기혐오이며 스스로를 바라보는 왜곡된 시선의 응집체일 수 있음을 제시한다.

흥미로운 점은 두 영화 모두 인물들이 자신의 욕망을 향해 직진하는 순간 괴물이 출현한다는 사실이다. 괴물은 욕망의 부작용이자 그 결과이다. 〈아메바 소녀들〉에서는 입시에서 벗어나고 싶다는 욕망이, 〈핸섬 가이즈〉에서는 핸섬하게 살고 싶다는 자기기만적 욕망이 괴물을 호출한다. 이 괴물들은 단지 스토리텔링의 장치가 아니라 영화 바깥의 현실을 구성하는 상징들이다. 그래서 이 괴물들은 허구적이라기보다 실제적이며 비현실적이라기보다 일상적이다. 이 괴물은 우리 곁에 있으며 어쩌면 거울 속에 혹은 스마트폰 화면 속에 이미 존재하고 있는지도 모른다.

〈아메바 소녀들〉의 귀신은 정체불명의 존재이지만 영화는 이 귀신의 실체에 큰 의미를 두지 않는다. 귀신은 단지 게임의 법칙을 만들어낸 상징적 주체일 뿐이고 이 게임의 핵심은 불공정이다. 이 불공정한 게임은 곧 한국 사회 전체의 구조를 은유한다. 숨바꼭질에서 귀신에게 잡히면 낙오하고 잡히지 않으면 수능 만점이라는 설정은 너무나 노골적이다. 이 법칙은 공정한 규칙처럼 보이지만 애초부터 이길 수 없는 시스템이다. 이 불공정함이야말로 괴물의 본질이다. 괴물은 그래서 귀신의 모습보다는 그 게임 자체의 존재 방식에 있다.

〈핸섬 가이즈〉는 또 다른 방식으로 불공정함을 폭로한다. 두 명의 주인공은 자칭 '핸섬'하지만 사회는 이를 인정하지 않는다. 그들은 끊임없이 스스로를 방어하고, 유머를 무기로 삼는다. 하지만 이 모든 행위는 결국 사회로부터 인정받지 못한 존재의 슬픔과 분노, 나아가 소외감에서 비롯된다. 그들이 괴물과 싸우는 장면은 결국은 스스로의

〈아메바 소녀들과 학교괴담: 개교기념일〉 모든 게임이 끝난 후
지연, 현정, 은별이 학교괴담 속 귀신을 바라보는 장면 ⓒ 네이버 영화

자격지심과 열등감, 좌절된 욕망과 싸우는 것과 같다. 괴물은 외부에서 찾아온 악이 아니라, 내면에서 길러진 열망의 괴상한 변형이다.

중요한 점은 이 두 영화 모두 괴물과의 '화해'를 시도하거나 최소한 그것을 죽이는 데 실패한다는 사실이다. 〈아메바 소녀들〉에서 소녀들은 괴물을 죽이지 못한다. 그들은 괴물의 게임을 멈추게 하지 못한 채, 다시 일상으로 돌아온다. 그러나 그 돌아옴은 일종의 성찰의 과정이며, 더 이상 괴담이 그저 전설로 소비되지 않게 되었음을 의미한다. 마찬가지로 〈핸섬 가이즈〉의 두 주인공은 살아남지만, 그들이 겪은 공포는 전혀 해소되지 않는다. 오히려 그들은 자신의 괴물성과 공존하기로 결심한다. 그 괴물은 사라진 것이 아니라 여전히 그들 안에 살아 있다.

이처럼 괴물을 죽이지 않고 함께 살아가는 방식은 현대 한국 공포영화의 중요한 경향으로 자리 잡고 있다. 과거에는 괴물과의 대면이 곧 제거의 명분이었으나 이제는 괴물과의 공존이 하나의 해결 방식이자 결말이 된다. 이 변화는 단지 서사의 전환을 넘어 우리 사회가 괴물이라는 존재에 대해 갖는 인식의 변화와도 밀접히 맞닿아 있다. 괴물은 단순한 외부 위협이 아니라 우리 자신이 외면한 내부의 문제이기 때문이다.

이러한 인식은 장르 이론적으로도 중요한 시사점을 제공한다. 공포영화는 더 이상 관습적 공포감을 유도하는 장르가 아니라 하나의 감정 실험실이다. 이 지점에서 공포영화 속 괴물은 관객이 감정적으로 봉합하지 못한 상처, 정체성에 대한 혼란, 사회적 불안과 억압을 상징적으로 표출하는 도구로 해석된다. 그것이 괴수나 귀신이든 혹은 악령이든 그 형상은 중요하지 않다. 중요한 것은 그것이 무엇을 상징하는가, 그리고 그것이 왜 지금, 이 사회에 다시 돌아왔는가이다.

괴물은 끊임없이 되돌아온다. 이는 단지 공포영화의 장르적 서사의 반복 때문이 아니다. 오히려 그것은 괴물이 우리 사회가 해결하지 못한 잔재이며, 개인의 내면에서 미처 다 소화되지 않은 감정의 잔여물이기 때문이다. 그렇기에 괴물은 퇴치되지 않는다. 오히려 잠시 잊힌 뒤 다시 출현하며, 이때 괴물은 종종 새로운 얼굴을 하고 나타난다. 공포영화는 바로 이러한 반복의 회로를 시각화하는 매개체이며, 괴물은 그 회로 속에 출몰하는 정념의 형상이다.

이 점에서 괴물은 문화적 무의식의 얼굴이기도 하다. 제프리 코헨이 『괴물론』에서 언급한 것처럼, 괴물은 우리가 외면하고 싶은 것의 형상이며 괴물의 등장은 그 사회가 해결하지 못한 가치, 욕망, 금기의 귀환이다. 괴물이 등장한다는 것은 그 사회가 불안정하다는 증거이며, 괴물이 죽지 않는다는 것은 그 불안정성이 해소되지 않았음을 의미한다. 이 이론은 한국 공포영화의 맥락에서 더욱 설득력을 얻는다. 한국 사회는 빠른 현대화, 높은 경쟁률, 가족주의와 개인주의의 갈등, 외모지상주의, 젠더나 세대 갈등 등 다양한 이슈를 복합적으로 안고 있다. 이러한 억압된 문제들이 괴물의 형상으로, 다시 말해 무의식의 이미지로 나타날 수밖에 없는 것이다.

괴물이 정체성을 갖는다는 점도 중요한 부분이다. 과거의 괴물은 대개 정체불명의 이방인이었으나 지금의 괴물은 자아화된 존재, 나 자신과 겹치는 타자로 보인다. 이는 융의 '그림자' 이론과 일맥상통한 지점이다. 괴물은 이 그림자의 형상화이며, 따라서 괴물과의 대면은 자기 자신의 억압된 측면과의 대면이 된다. 이 대면은 때로는 공포를 낳지만 동시에 그것은 자아 통합의 첫걸음이기도 하다. 괴물을 죽이는 것이 아니라 괴물과 대화를 시도하는 영화들이 늘어나고 있는 것은 바로 이 통합적 상상력 때문이다.

괴물이 무섭지 않다는 것은 역설적이지만 진실이다. 〈아메바 소녀들〉이나 〈핸섬 가이즈〉 속의 괴물들처럼 무섭기보다 슬프고, 두렵기보다 우스운 괴물은 기존 장르의 경계를 허물고 새로운 해석을 가능하게 한다. 그 안에서 괴물이 나일 수 있다는 자각은 무서운 일이지만 동시에 용기를 낳는 일이기도 하다. 괴물을 죽이지 않고 살아가는 법을 고민하는 지금의 한국 공포영화는, 이 시대의 불안과도 조우하고 있으며 그 불안을 다루는 가장 정직한 방식으로 괴물을 소환하고 있는 것이라 할 수 있겠다.

제2부

분열된
시대의 초상

3장 <하트 오브 더 씨(In the Heart of the Sea)>와
미야자키 하야오 작품의 괴물들
: 실재를 미끄러지는 환유적 타자를 통한
교감과 치유

_ 김 경

4장 이념과 괴물
: 제주4·3사건 다큐멘터리영화
〈비념〉, 〈수프와 이데올로기〉

_ 서곡숙

5장 자연, 괴물, 그리고 도시
: 복잡성이 만든 괴물, 〈더 펭귄〉

_ 이현재

3장
<하트 오브 더 씨 (In the Heart of the Sea)> 와 미야자키 하야오 작품의 괴물들
: 실재를 미끄러지는 환유적 타자를 통한 교감과 치유

| 김경 |

1) 괴물 : 실재계의 귀환 혹은 침입

왜 우리는 괴물을 소환할까? 우리는 꿈속에서 혹은 일상에서 여러 가지 괴물을 맞닥뜨린다. 영화에서 '괴물'의 의미는 영화라는 매체가 괴물을 어떻게 재현하고, 왜 자꾸 다종다양한 괴물을 만들어내는가에 대한 예술적·심리적 그리고 사회적 질문이다. 괴물의 외형과 맥락은 변화무쌍하지만 대체로 공포와 섬뜩함을 불러일으킨다는 점은 변함없다. 때로 이런 강렬한 정서적 반응은 자아가 통과제의의 심연을 통과하도록 촉발하는 요인이 된다.

<하트 오브 더 씨>(론 하워드, 2015)와 미야자키 하야오의 괴물에는 자연에 대한 공포와 경외, 치유와 성장의 드라마가 보인다. 라캉의 실재계라는 필터로 걸러보면 이는 더 선명해진다.

라캉에 따르면, 실재계(The Real)는 언어 바깥에 존재하며 상징화에 절대적으로 저항한다. 이는 주체가 분명히 경험하지만 언어로 표현할 수 없는 외상적이고 충격적인 요소를 포함한다. 라캉은 실재계를 "꿈 – 우리로부터 숨겨져 있고 봉인된 – 너머"에 있다고 표현하며, 이를 상상계의 반대항이라기보다는 상징계를 초월해 존재하는 '미지의 차원'으로 규정한다. 실재계는 상징계에 동화되지 않고, 어떤 방식으로든 완전히 파악하거나 소유할 수 없는 '불가능한 것'이다. 바로 이 불가능성, 상징화에 대한 저항의 속성 때문에 실재계는 본질적으로 외상적인 성격을 지닌다.

외상이란 개념은 의미화 과정에 어떤 교착상태나 고착이 일어났음을 암시한다. 외상은 상징화의 흐름을 정지시키고 주체를 초기 발달 단계에 고착시킨다. 외상에 대한 프로이트의 개념화에 라캉이 덧붙인 것은 외상이 상징화될 수 없이 남아 있는 한, 그것은 실재계이며 주체의 중심에 자리 잡은 영속적 어긋남이라는 것이다.

우리가 우리의 아픔과 고통을 언어로 표현하여 상징화하기 위해 아무리 노력한다 해도 항상 어떤 것이 남게 된다. 다른 말로 바꾸면 언어를 통해 변형될 수 없는 잔여가 언제나 남아 있다. 라캉이 'X'라고 부르는 이 초과분(excess)이 바로 실재계이다. 1964년 이후 발표된 라캉의 실재계는 상징화 과정의 결과로써 나타나는 세계이다. 상징계에서, 즉 의식적으로 드러난 부분들 속에서 자율적으로 흘러가는 나름의 질서가 있다면 이러한 의식적인 논리와는 다르게 흘러가는 부분이 실재계이다. 모든 것이 다 나타나고 드러난 것 같은데 드러나지 않은 분야, 흔적과도 같은 것이 실재계이다. 침묵, 결핍 등으로 표현되는 것, 구조화된 상징계의 어떤 결여인 동시에 그 결여를 가리는 기능을 함으로써 당연히 무의식적 사태이지만, 그런데도 그것은 상징화된 주체에게 결정적인 영향을 끼친다. 즉, 괴물이 등장하는 영화는 괴물을 비추는 거울이자, 그것과 마주하게 하는 의식의 무대이며, 라캉식으로는 '실재계'인 것이다.

실재계는 말하는 주체에 대해 상징계가 도입 또는 개입함으로써 현실(reality)로부터 추방되는 것이다. 더 간단히 말한다면, 실재계는 상징계에 의해 현실에서 추방되는 것이다. 실재는 언어의 그물을 빠져나가는 것으로써 말로 표현하기에 불가능하므로 이해하기 어렵다. 분명한 것은 추방된 것은 반드시 되돌아오며, 그것들이 돌아오면 주체는 불안과 섬뜩함을 느끼게 된다.

라캉은 인간의 경험 세계를 세 가지 차원으로 나눴는데, 사회적 구조와 질서의 세계인 '상징계'와 이미지와 자아, 동일시의 세계인 '상상계', 그리고 언표 불가능한 충동과 결핍의 세계, '실재계'가 그것이다. 라캉의 개념에 비추어보면, '괴물'은 단순한 공포의 대상이 아니라 실재계의 침입을 형상화한 '환유'라고 볼 수 있다. 즉, '괴물'은 언표 불가능한 균열의 이미지로써 우리의 언어/문화/도덕으로는 포착할 수 없는 존재이고 '낯설고 익숙한 것(Das Unheimliche)', 우리 안의 억압된 설명 불가능한 것의 '모습'이다.

우리는 영화 속에서 실재계에 대해 침입자부터 연인까지 다양한 관계 스펙트럼을 보았다. 예컨대, 침입자 즉, 괴물에 대한 근원적 공포(〈에이리언〉 연작, 〈더 씽〉 연작)도 보았고, 괴물과 함께 성장하고 교감하며 사랑(〈이티〉(스티븐 스필버그, 1982), 〈렛미인〉(맷 리브스, 2010), 〈하울의 움직이는 성〉(미야자키 하야오, 2004))하는 것도 보았다.

괴물은 미끄러지는 기표다. 횡으로는 한 시대의 여러 지역에서 미끄러지기도 하며, 종으로는 역사와 시대를 반영하며 미끄러지기도 한다. 〈프랑켄슈타인〉처럼 과학의 위협이 괴물이 되기도 하고, 눈에 보이지 않거나(바이러스 혹은 시스템), 인간인데 괴물보다 더 끔찍한 괴물도 있다(사이코패스). 슬픔과 우울증이 실체화된 괴물 〈바바둑 (The Babadook)〉(제니퍼 켄트, 2014), 모성애의 불안이 괴물로 등 장하는 〈더 홀 인더 그라운드 The Hole in the Ground〉(리 크로닌, 2019), 여성의 상처와 남성 폭력의 괴물적 형상화 〈멘 Men〉(알렉스 가랜드, 2022), 친일 매국노와 일본 망령 괴물의 환유로 오컬트 영화 를 만든 〈파묘〉(장재현, 2024), 직접적으로 주한 미군이 흘린 한강 독극물로 괴물을 만든 〈괴물〉(봉준호, 2006), 계층 간 불균형을 드러 내는 지하 괴물 〈기생충〉(봉준호, 2019), 미디어 소비와 착취 시스템 괴물을 드러낸 〈놉 Nope〉(조던 필, 2022)〉 등 괴물의 다양한 양상을 보면 결국 괴물은 '인간의 자화상'이고 괴물은 괴물이 아니라, 우리가 만든 존재, 혹은 우리가 외연한 자아의 환유라고 볼 수 있다.

2) 공포와 경외의 환유적 타자 – 모카딕

〈하트 오브 더 씨〉는 허먼 멜빌의 소설『모비딕』에 영감을 준 실화 를 다룬 영화다. 〈블러드 다이아몬드〉(에드워드 즈윅, 2006)의 찰스 리벳이 시나리오를 썼고, 〈아폴로 13〉(1995), 〈다빈치 코드(2006)〉 의 론 하워드가 연출했다. 1850년, 미국 매사추세츠 낸터킷 섬. 어두 운 밤, 허먼 멜빌(벤 위쇼)은 급한 발걸음으로 누군가의 집을 찾는다. 그는 바로 94일간 7,200km 표류했던 21명의 조난 대원 중 살아남은

무게 80톤의 거대한 향유고래, 모카 딕 ⓒ 네이버 영화

8명 중 한 사람, 토마스 니커슨(브랜든 글리슨)이다. 허먼 멜빌의 끈질긴 요청과 부인의 간곡한 부탁으로 그는 누구에게도 이야기하지 않았던, 지옥과도 같았던 그때의 기억을 조심스레 꺼낸다. 망망대해에서 생존하기 위해 필사적이었던 사람들의 비밀이 서서히 드러난다.

1820년, 길이 30미터, 무게 80톤의 모카 딕(Mocha Dick)이라는 향유고래가 238톤에 이르는 미국 포경선 에식스 호를 단 10분 만에 침몰시킨다.

에식스 호가 고래기름을 얻기 위해 사냥한 고래들은 인간에 의해 지배당하는 자연이었지만 모카 딕은 예외였다. 에식스 호의 선원들은 말 그대로 괴물을 만난 것이다. 그는 거대하고 영리하며 잔인하다. 인류의 역사를 통해 항상 통제 불가인 자연은 괴물이 된다. 고래와 바다는 '의미 없는 광대함', '죽음과 공허'를 암시하며, 모카 딕의 잔인함을 통해 무너지는 선원들은 '끝없이 맞닥뜨려야 하는 인간 존재의 무력감'과 조우하게 된다.

　이 영화를 관통하고 있는 것은 인간의 탐욕이다. 고래기름 사업가들은 그들의 사업 안전성을 위해 에식스호 사건도 덮는다. 모카 딕은 이러한 인간의 탐욕, 인간이 자연을 착취하고 지배하려는 욕망을 처절하게 거부하는 존재이며, 인간의 무한한 욕망이 부른 재앙, 자연의 복수, 그리고 도저히 지배할 수 없는 거대한 자연의 힘에 대한 환유다. 괴물을 환유로 본다는 건, '괴물이 어떤 '직접적으로 말할 수 없는 것'을 대신해서 나타나는 대체 기호라는 의미다. 라캉에 의하면 '환유(metonomy)'는 무의식의 작동 원리로써 시간적 또는 공간적으로 인접한 것들의 연결을 통해 의미가 전개되는 방식이다. 즉, 욕망이 끊임없이 다른 대상으로 미끄러지는 방식을 설명하는 것이다. 욕망은 어떤 대상을 통해 표현되지만, 그 대상은 진짜 욕망의 대상이 아니기 때문에 또 다른 대상으로 계속 이동한다. 이 이동이 환유적 작동이다. 탐욕 앞에서는 인간의 목숨과 존엄성, 윤리 등이 모두 무력해진다. 이 탐욕으로 인한 모카딕의 역습은 인간 내면에서 더 무시무시한 괴물을 끌어 올리는 계기가 된다. 인간의 탐욕은 끊임없이 미끄러지며 다양한 괴물의 형태로 출몰한다. 모카딕 같은 환유적 타자가 영화를 통해 흡혈귀가 되든, 여고생 귀신이 되든, 혹은 바이러스가 되든 상상할 수 있는 많은 다른 괴물로 미끄러지는 것뿐이다.

3) 인간 존재론적 심연에 도사리고 있는 괴물

　모카딕에 의해 침몰한 배에서 살아남은 21명의 선원은 3개의 보

인간, 고래를 통해 존재론적 심연의 괴물을 보다 ⓒ 네이버 영화

괴물은 바깥에 있는 것이 아니라, 인간 안에 있는 죽음에 대한 공포의 모습이었다. 죽지 않기 위해 동료의 인육을 먹었고, 드라마 〈오징어 게임〉처럼 제비뽑기로 자신의 몸을 내기에 걸어야 했다. 선원들이 동료의 인육을 '먹으며' 허기를 채우고 살아남는 과정은 선원들이 주체 내면에 자리 잡고 있던 자신들의 욕망과 대면하게 되는 계기가 된다. 선원들이 외부의 괴물, 모카 딕과 내면의 괴물인 자신들의 욕망에 '섬뜩함(uncanny)'을 느낀 후, 그들은 이미 이 섬뜩함을 느끼기 전의 그들이 아니다. 이 섬뜩함은 상징계가 무너지고 실재가 침투할 때 발생한다. 실재계의 괴물 성을 마주하는 순간이라는 뜻이다. '섬뜩한 이 실재계의 순간'이 여러 가지 형태로 장면화하며 끊임없이 귀환한다. 예컨대, 거대한 모카 딕이 나타나는 순간 느끼는 섬뜩함은 거대해서만은 아니다. 그는 '반복해서 회귀'하며 동시에 공포와 자아의 분열을 거울처럼 비추는 존재이기 때문이다. 오래된 원한 관계가 주는 친

숙한 섬뜩함이라서 더 낯설다. 무의식적 실재의 형상은 계속되는 악몽이다. 모카 딕은 인간 탐욕이 부른 자기 파멸의 모습에까지 닿는 섬뜩함이며, 인간의 실존적 불안, 죄책감까지 환유하는 심연의 상징이다.

모카 딕은 토마스 니커슨이 대표하는 생존자들에게는 죄책감과 부채, 트라우마의 상징이기도 하다. 살아남기 위해 인육을 먹는 극단적 선택을 하면서, 그들은 평생 죄의식을 짊어지고 살아가야 했다. 이때 고래는 도망칠 수 없는 죄책감의 환유가 된다. 즉, 고래를 죽이려 했던 인간들이 오히려 고래에 의해 인간성을 잃게 되었고, 스스로 인육을 먹는 괴물이 된 것이다. 그들 스스로 이미 섬뜩해져 있다. '식사'라는 친숙한 행위가 끔찍한 '금기 너머'에 있기 때문이고 이를 공유했기 때문이다. 우리 중 하나였던 사람이 먹히는 대상이 된다는 상징계 속의 얼룩은 그 자체가 실재계의 섬뜩한 흔적이다. 생존 본능과 식인 금기의 흔들리는 경계선이 일으키는 섬뜩함은 망망대해의 반복적인 파도로 장면화된다. 같은 파도, 클로즈 업된 고래 눈, 흔들리는 뱃머리, 예고 없이 떠오르는 그림자 등은 익숙한 모든 것을 '낯설게' 하고 섬뜩하게 한다. 생존의 대가로 괴물이 된 인간들의 비밀이 밝혀지며 우리는 괴물에 대해 다시 돌아보게 된다. 그리고, 우리 내면의 타자라는 괴물이 가지고 있는 울림은 관객에게 깊은 좌절과 공감을 불러일으킨다.

4) 모카 딕, 우리가 들여다본, 그리고 우리를 들여다본 괴물

이 영화에서 가장 인상적인 부분은 일등 항해사인 오웬 체이스(크

영화 〈하트 오브 더 씨〉 포스터 ⓒ 네이버 영화

리스 헴스워스)와 위협적으로 바다 밑에 모습을 드러낸 모카 딕이 조용히 눈을 맞추고 있는 장면이다. 목숨을 건 결전을 앞두고 긴장감이 고조된 상태에서 깊은숨을 들이마시고 멈춘 것 같은 조용한 눈 맞춤이다. 관객의 숨도 멈출 수밖에 없는 그 몇 초가 두 괴물의 교감을 보여준다. 이 교감 이후 강인하고 팽팽한 두 적수는 극적으로 서로에 대한 살기를 거둔다. 서로의 심연을 들여다본 것일까. 더 이상 서로에게 괴물 되기를 멈춘 이유가. 그래서인지 이 장면에서 니체의 촌철살인이 떠오른다.

괴물과 싸우는 사람은 그 싸움 속에서 자신도 괴물이 되지 않도록 조심해야 한다. 우리가 괴물의 심연을 오랫동안 들여다본다면 그 심연 또한 우리를 들여다보게 될 것이다.

이 영화에서 이 장면은 화룡점정이다. 이 영화의 포스터에 이 화룡점정이 사용된 것은 그래서 매우 압축적이고 적확하다.

만약 이 장면이 없었다면 이 영화에 등장하는 모카 딕도 오웬 체이스를 비롯한 선원들의 고군분투도 별다른 감흥을 주지 않았을 것이다. 이 장면 덕분에 모카 딕이 단순히 예측할 수 없는 자연재해나 대자연이 불러일으키는 두려움의 환유에 그치지 않았고, 이 위협 앞에서 생존 본능이 폭발하여 '내 안의 괴물'을 끌어올렸다는 '내 안의 타자' 환유에 머물지 않았다. 이 교감을 통해 공포가 연민이 되고, 외부의 타자와 내면의 타자가 화해할 수 있었다.

오웬 체이스는 모카 딕에 대한 지배욕과 두려움이 뒤섞인 감정으로 '나는 약하지 않다'라는 것을 증명하고자 하는 욕망을 고래 사냥에 투사했지만 결국 모카 딕을 맞닥뜨리고도 죽이지 않은 것이다. 이는 단순한 윤리적 반전이 아니라, 언표적 전환이 일어나는 지점이다. 그동안 오웬이 모카딕을 괴물로 인식하며 자신의 결핍을 투사했다면 이 장면을 통해 자신의 결핍을 인식하고, 주체의 분열을 자각하고 수용하는 지점이다. 이는 치유의 시작이고 상징계와 새로운 관계를 형성하게 되는 계기이다.

이 '언표를 통한 교감', 언표적 전환이 일어나는 지점에서 오웬은 모카 딕과 화해한다. 오웬은 숱한 죽음의 통과제의 후에 모카 딕의 눈을 깊이 마주 볼 수 있게 된 것이다. 모카 딕은 오웬 체이스의 언표적 무의식이며, 오웬은 고래를 통해 자신의 분열과 상처를 직면하고, 그것을 제거가 아닌 수용의 방식으로 치유해 간 것으로 볼 수 있다.

그러나, 〈하트 오브 더 씨〉가 치유에 이른 시간은 매우 더디고 고통스러웠고, 치유보다는 인간 탐욕이나 자연 파괴에 방점을 찍고 있다.

반면에, 미야자키 하야오의 작품 속 괴물은 치유와 회복의 가능성에 방점을 찍는 것이 다르다. 〈하트 오브 더 씨〉처럼 상처받은 자연에 대한 환유라는 점에서는 같지만, 미야자키 하야오의 괴물들은 인간과 자연이 끊임없이 부딪치면서도 공존을 꿈꾸는 상처 입은 생명체로 그려지며, 보다 더 복합적이고 윤리적인 고민을 품고 있다.

이런 '괴물과의 조우를 통한 치유'의 대표적인 예시는 미야자키 하야오의 작품들에 자주 등장한다. 심지어 괴물들 자체가 내면화된 공포와 치유를 품고 있다.

5) 미야자키 하야오의 괴물 : 회복과 치유 그리고 성장과 수용

미야자키 하야오의 괴물은 자칫 허무해 보이는 기표의 미끄러짐을 통해서 회복과 치유의 가능성을 보여준다. 〈바람계곡의 나우시카〉(1984)의 오오무, 〈모노노케 히메〉(1997)의 산 등은 자연의 수호자이며 인간과 세계의 모순을 품은 존재다. 즉, 미야자키 하야오의 괴물들은 단순한 악당이 아니라, 모순적인 감정, 자연과 인간 사이의 갈등, 내면화된 공포와 치유를 품고 있다. 하야오의 괴물은 상처 입은 자연, 또는 왜곡된 인간성의 결과에 대한 환유로써 공존할 수 있는 가능성을 보여준다. 괴물과 인간이 완전히 화해하지는 못하지만, 서로를 부정하거나 절멸시키지 않는다.

예컨대, 〈센과 치히로의 행방불명〉(2001)에 등장하는 괴물, 가

〈센과 치히로의 행방불명〉 치히로와 가오나시의 교감 ⓒ 네이버 영화

는 타자의 욕망을 받아들여 폭주하거나 무너진다. 하지만 치히로의 조건 없는 관심과 인정을 통해 처음으로 자기 자신을 회복하기 시작한다. 미야자키 하야오의 세계에서 괴물은 결핍, 상처, 억압된 감정이 외부로 드러나면서 만들어진 고통받는 존재이자 치유가 필요한 존재이기 때문에 따뜻한 수용을 통해 치유된다. 미야자키 하야오는 괴물을 살리는 치유 서사를 가지며, 이는 괴물의 심연을 들여다볼 수 있는 성장과 긍정적 변화의 서사다.

〈센과 치히로의 행방불명〉에서 치히로는 처음에 소극적이고 의존적인 소녀이지만 가오나시를 비롯한 하쿠, 유바바 등과 마주하며 부모를 되찾기 위해 스스로 계약을 맺는 책임감을 배운다. 가오나시의 폭주에도 침착하게 반응하며 두려움을 다루는 방법을 배우고, 하쿠를 자유롭게 해주는 것을 통해 진정한 관계 맺기를 배우는 등 주체성을 찾아가는 성장을 한다.

〈하울의 움직이는 성〉(2004)의 경우, 소피는 자기를 못 믿고 남을 위해 사는 평범한 소녀였지만, 하울을 만나고 칼시퍼와 동행하면서, 자기주장을 하게 되고, 자신의 매력을 발견하게 되며, 타인을 조건 없이 이해하는 능력을 키운다. 즉, 소피 역시 괴물과의 관계 안에서 성장하는 것이다. 그렇다면, 하야오의 괴물은 나 자신이 되기 위해 반드시 거쳐야 할 내면의 그림자이고, '통과제의'일 것이다.

6) 미야자키 하야오의 작품 속 괴물들의 언표

최근, AI를 이용해 지브리 화풍으로 자신의 얼굴을 변환하는 것이 유행이다. 이 변환을 통해 누구든 지브리 세계의 주인공이 된 기분이 된다. 이런 유행의 이면에는 험난한 세상을 살아내는 일상 속 내면화된 공포와 치유에 대한 열망이 내재해 있을지도 모르겠다.

지브리 화풍은 미야자키 하야오의 내밀한 '언표'로 작용한다. 라캉의 '언표'는 '언술'처럼 단지 말해진 것이 아니라 누가 어떤 위치에서 어떤 무의식의 입력 속에서 말하는가의 의미다. 미야자키의 캐릭터들은 지브리 화풍의 몸짓, 눈빛, 행위로 언표적 '진실'을 드러낸다. 예컨대, 〈센과 치히로의 행방불명〉에서 가오나시는 언표 개념의 결정적 예시다. 말을 거의 하지 않는 가오나시는 말할 땐 남의 목소리를 빌려 말한다. 이 언술은 남의 것이다. 그러나 욕망과 결핍을 강렬하게 표현한다. 음식, 선물 혹은 삼키는 행위로. 이 모든 건 "나도 받아줘"라는 무의식적 발화로 작동함으로써, " 나는 말하지 않지만, 존재 전체가 나를 말하고 있다." 즉, 가오나시는 언술이 없는 존재이자. 오로지 언

<하울의 움직이는 성> 하울, 네가 괴물이어도 상관없어 어떤 모습이든 난 널 사랑해
ⓒ 네이버 영화

표로만 구성된 괴물이다. 그래서 미야자키는 가오나시를 말보다 행동과 공백으로 보여준다. 치히로의 수용은 이 언표를 듣는 행위다.

<하울의 움직이는 성>에서 하울은 겉으로는 유려한 언어를 구사하지만, 그 언표 적 위치는 불안정하고 분열돼 있다. 말로는 "난 괜찮아"라고 하지만 실제로는 매번 회피하고, 폭발하고, 탈주한다. 여기서 소피는 하울의 말보다, 그 말의 틈새에서 흘러나오는 언표적 진실-"나는 두려워"-을 읽어낸다. 즉, 그녀는 하울이 말하지 않은 상처의 언표를 받아들인 것이다. 치유는 언술적 대사보다, 언표적 행위(침묵, 눈빛, 먹이기, 보호하기)를 통해 가능해진다. 그리고 이때 진정한 교

감이 된다. 치히로가 하쿠의 이름을 기억해 주는 장면은 단순한 언술이 아니라 기억의 복원을 통해 무의식 언표를 호출하는 행위이며, 소피가 허울에 "난 당신을 사랑해요"라고 말할 때 이 말(언술)보다 더 중요한 건 그녀가 끝까지 떠나지 않았다는 행위(언표)다.

이것이 미야자키 하야오가 포착한 언술보다 언표가 치유를 가능하게 한 사랑의 구조다. 미야자키 하야오의 괴물들은 말하지 않아도 말하고 있고, 주인공들은 그 언표를 듣는 능력으로 성장하고 치유된다.

그래서, 미야자키 하야오의 작품 속 괴물들은 공포의 대상이라기보다는 섬뜩함의 심리적 감각을 통해 실재계, 억압, 혹은 인간 내면의 어두움을 환상적으로 드러내는 존재들이다. 인간의 얼굴, 동물, 정령, 탈 등 익숙한 요소가 기괴하게 변형되거나, 감정 없는 눈, 말이 없는 응시나 존재 등을 통해 타자의 시선이 되돌아온다. 괴물의 목적이 불분명하거나, 인간과 감정적으로 연결되기도 하고 파괴와 치유, 경계를 넘나든다. 상징계의 얼룩, 실재계를 이처럼 잘 언표한 캐릭터가 있을까. 여기에 더해, 괴물이 다가올 때 배경음이 사라지게 한다거나, 느린 움직임으로 이질감을 만들어주거나 괴물이 나쁜 존재가 아니라는 반전으로 윤리성도 모호하게 만든다. 물론 오웬과 고래처럼 괴물의 눈이 주인공의 눈을 보는 순간 타자의 시선으로 주체가 흔들리고 그사이에 가로 놓여 있는 단단한 벽도 흔들린다.

영화라는 한바탕 꿈속의 괴물, 환유라는 미끄러지는 기표를 통해 우리들은 욕망과 결핍과 상처와 불안들의 변형된 모습과 끊임없이 조우한다. 꿈속이나 영화 속에서는 비교적 손쉽게 괴물을 싸워서 죽일 수도 있고 교감할 수도 있으며, 이해하고 수용하여 치유할 수도 있다. 끊임없이 귀환하는 실재계의 괴물을 통해 수용하고 치유한다는 서사는 깊은 공감을 불러일으키고 우리 트라우마까지 다독인다.

괴물 치유 서사에서 괴물은 나를 파괴하려는 적이 아니라, 나에게 '네가 아프다'라고 말해 주러 온 존재라고 볼 수 있다. 그들은 나 자신이 억누른 실재의 형상이다. 증상을 치료할 때 항상 언급되는 바는 아프다는 것을 인정하면, 실재계의 고통을 상징계로 끌어들여 언표화할 수 있고, 비로소 치유가 가능해진다는 점이다.

언표화한 환유적 괴물을 통과한 치유는 괴물을 없애는 것이 아니라 동행하는 것일지도 모르겠다.

증상은 항상 언표된다. 증상은 병이 아니라 그 사람을 '지탱해 주는 실재의 응어리'다. 이 응어리, 혹은 얼룩은 제거하는 것이 아니라 주체가 '버티는 방식'일듯하다.

4장
이념과 괴물
: 제주4·3사건 다큐멘터리영화 <비념>, <수프와 이데올로가>
| 서곡숙 |

1) 제주4·3사건 다큐멘터리영화와 괴물

제주4·3사건은 '7년 7개월에 걸친 국가권력의 민간인 대량 학살이며, 4·3 무장봉기와 미군정의 대대적 진압, 민간인들에 대한 무차별적 살해로 수많은 희생자를 발생시켰던 사건이다.'[1]

한국 현대사에서 대량의 인명피해를 초래한 사건에서 사망자 수는 6·25전쟁 990,968명, 제주4·3사건 14,822명, 광주민주화운동 193명이다. 제주4·3사건진상규명 및 희생자명예회복위원회가 확정한 공식적인 희생자 수는 14,822명이며, 제주4·3평화재단의 『제주4·3사건 추가 진상조사보고서』는 4·3 당시 인명피해를 2만 5,000

---

1 김병록, 「제주 4·3 사건과 인권: 여성 인권의 보장을 중심으로」, 『이화젠더법학』 16권 1호, 이화여자대학교 젠더법학연구소, 2024, 82-90쪽.

명에서 3만 명으로 추정하며 이는 당시 제주도 인구의 10분의 1 이상이 목숨을 잃은 것이다.[2] 광주민주화운동은 계엄사령부는 193명이라고 공식 발표했지만, 이후 조사에 의하면 사망자 · 행방불명자 200명이다.[3]

한국 현대사에서 제주4 · 3사건은 전쟁을 제외하고는 최대 인명 피해를 발생한 사건이다.

제주 4 · 3 사건을 소재로 한 한국 영화는 꾸준히 제작됐으며, 장르별로는 다큐멘터리영화, 극영화, 애니메이션영화 순서이다. 장편 다큐멘터리영화는 〈4月이야기〉(양정환, 2017), 〈그날의 딸들〉(고훈, 2023), 〈돌들이 말할 때까지〉(김경만, 2022), 〈레드 헌트〉(조성봉, 1997), 〈레드 헌트2, 국가범죄〉(조성봉, 1999), 〈메모리얼 아일랜드〉(정미주, 2013), 〈목소리들〉(지혜원, 2024), 〈백년의 노래〉(이상목, 2017), 〈비념〉(임흥순, 2013), 〈수프와 이데올로기〉(양영희, 2022), 〈아직, 제주도는〉(강정우, 2019), 〈우리를 갈라놓는 것들〉(임흥순, 2019), 〈이산자〉(문정현, 2017), 〈잔혹했던 1948년 탐라의 봄〉(권순도, 2022), 〈잠들 수 없는 함성, 43항쟁〉(김동만, 1995), 〈제주: 년의 춤〉(사유진, 2017), 〈지슬〉(오멸, 2012), 〈폭낭의 아이들〉(사유진, 2022), 〈해원〉(구자환, 2017) 등이다. 장편 극영화는 〈꽃비〉(정종훈,

---

2   제주43평화재단, 『제주4·3사건 추가 진상조사보고서』, 2020, 65쪽. 제주43평화재단, 「제주4·3사건 피해실태」, 2025년 3월 29일 검색. https://jeju43peace.or.kr/kor/sub01_01_02.do

3   「5·18 민주화운동」,《나무위키》, 2025년 3월 29일 검색. https://namu.wiki/w/5.18%20%EB%AF%BC%EC%A3%BC%ED%99%94%EC%9A%B4%EB%8F%99

2010), 〈끝나지 않은 세월〉(김경률, 2005), 〈이어도〉(오멸, 2011), 〈지슬: 끝나지 않은 세월2〉(오멸, 2012) 등이다. 단편 다큐멘터리 영화는 〈4.3사건희생자 화북천 암매장지 발굴기록-해원(解冤)〉(구혜희, 2006), 〈아직, 제주도는〉(강정우, 2019), 〈없는 노래〉(윤솔지, 2022) 등이다. 단편 극영화는 〈땅은 늙을 줄 모른다〉(김지혜, 2022), 〈뛰어도 뛰어도〉(2017), 〈바람의 기억〉(박홍식, 2019), 〈전조등〉(김일형, 2019), 〈헛묘〉(변성진, 2020) 등이다. 단편 애니메이션영화는 〈4.3의 새벽〉(마나몽, 2007) 등이다.[4]

필자는 '제주4·3사건 영화와 국가폭력'의 문제를 중심으로 논의하고자 한다. 이념으로 인한 국가폭력은 현대사에서 괴물 같은 존재이다. 괴물은 일반적으로 사람들에게 혐오감과 공포를 불러일으키는 기이하고 무서운 생명체를 의미하며, 단순한 외형을 넘어 현실에 존재하지 않을 법한 기묘한 모습이나, 사회 부조리, 부도덕을 가리키기도 한다. 한국 현대사에서 이념 갈등은 사람들을 광기로 몰아넣어 국가폭력의 잔혹성과 죽음의 참혹성을 느끼게 만든다는 점에서 일종의 '괴물'로 바라볼 수 있다.

폭력에 대한 이론가는 폭력의 일상성, 정치성, 희생성, 존재성의 문제에 주목한다. 슬라보예 지젝은 정상적인 상태를 혼란시키는 주관적 폭력보다 정상적인 상태에 내재한 객관적 폭력을 역설한다.[5]

---

4 《KMDb》, 한국영상자료원, 2025년 7월 1일 검색. https://www.koreafilm.or.kr/main

5 Slavoj Žižek, Violence: Six Sideways Reflections, 2008, 슬라보예 지젝, 『폭력이란 무엇인가 - 폭력에 대한 6가지 삐딱한 성찰』, 정일권·김희진·이현우(역), 난장이, 2011.

조르조 아감벤은 정치적 폭력의 지위에서 일어나는 근본적인 이동을 통해 법의 정립에 근원적으로 내재하는 폭력을 강조한다.[6]

르네 지라르는 폭력의 재생산을 막기 위해 희생물에 가해지는 폭력에 주목한다.[7] 모리스 메를로퐁티는 정치와 폭력의 문제를 통해 폭력을 인간의 존재론적 문제, 불가피한 문제로 인식한다.[8]

살해는 사람을 해치어 죽이는 것이고, 학살은 가혹하게 마구 죽이는 것이고, 대량 학살은 공권력 혹은 권력기관의 폭력에 의한 죽음이다. 제주4 · 3사건은 무장대(13.9%)에 비해 토벌대(86.1%)의 가해 비율이 압도적으로 높다는 점에서, 국가권력(토벌대 · 경찰 · 군인)에 의해 자행된 대량 학살 사건이다. 공식적으로 확인된 사망자 수는 약 3만 명으로 당시 제주도민의 10%에 해당하며, 비공식으로 추정되는 사망자 수눈 약 6만 명으로 당시 제주도민의 20%에 이르는 것으로 알려져 있다. 이 비극적 사건을 다룬 다큐멘터리영화들은 국가폭력의 재현을 통해, 이념의 광기가 괴물처럼 폭주했던 역사적 참상의 실체를 응시한다.

제주4 · 3사건 다큐멘터리영화 〈비념〉(임흥순, 2013)[9]과 〈수프와

6　Giorgio Agamben, Homo Sacer: Il potere sovrano e la nuda vita, 1995, 조르조 아감벤, 『호모 사케르 - 주권 권력과 벌거벗은 생명』, 박진우(역), 새물결, 2008.

7　René Girard, La Violence et le Sacre, 1972, 르네 지라르, 『폭력과 성스러움』, 박무호·김진식(역), 민음사, 2000.

8　Maurice Merleau-Pont, Humanisme et Terreur, 1947, 모리스 메를로퐁티, 『휴머니즘과 폭력 - 공산주의 문제에 대한 에세이』, 박현모·유영산·이병택(역), 문학과지성사, 2004.

9　〈비념〉(임흥순, 2013)다큐멘터리, 대한민국, 93분, 2013년 4월 3일 개봉, 관객수 2,349명, 인디스토리 배급. 출연: 강상희, 강상문, 김봉진, 김정민, 김성주, 한신화.

이데올로기〉(양영희, 2022)[10]는 이념의 광기와 괴물의 폭주로 인한 트라우마를 다룬다. 두 영화는 제주4·3사건의 피해자가 중심인물이라는 공통점이 있지만, 각각 실험영화 기법과 개인사 서술이라는 다른 형식으로 제주4·3사건을 풀어간다는 점에서 흥미롭다.

〈비념〉은 〈위로공단〉으로 베니스비엔날레 은사자상을 수상한 임흥순 감독이 3년에 걸쳐 제작한 작품이다. 이 영화는 토벌대에 맞선 무장대의 최후의 항전 등 아름다운 풍경 속에 묻힌 비극적 역사와 가슴 아프게 부서지는 기억과 한을 풀어낸다. 다큐멘터리영화의 형식을 취하지만 사물의 은유를 사용하는 등 독특한 형식적 기법을 보인다는 점에서 주목할 필요가 있다. 카메라는 제주도와 오사카를 떠돌며 망자의 시선과 사물의 은유를 통해서 폭력의 잔혹함을 재현하고 망자의 원혼을 애도한다. 임흥순 감독은 '타인에 대한 연민과 죽은 자에 대한 애도가 인간만이 할 수 있는 본성이자 기본적인 표현을 할 수 있다는 점에서, 〈비념〉이 우리들의 그러한 간절한 마음, 숨겨진 마음(비념)을 불러내는 요령(방울)이었으면 하는 바람이다'[11] 라는 연출 의도를 밝히고 있다. 이 영화는 미술가 출신의 임흥순 감독이 제주4·3사건의 역사적 비극의 현장을 한 폭의 그림에 담아내듯이 그

---

10 〈수프와 이데올로기〉(양영희, 2022)다큐멘터리영화, 일본-대한민국, 118분, 2022년 10월 20일 개봉, 관객수 9,168명, 옛나인필름 배급. 출연: 양영희, 강정희, 아라이 카오루. 수상내역: 2021년 13회 DMZ국제다큐멘터리영화제 국제경쟁 흰기러기상(대상), 47회 서울독립영화제 집행위원회특별상. 203년 1회 한국예술관협회 어워드 대상, 10회 들꽃영화상 대상, 43회 한국영화평론가협회상 독립영화지원상, 59회 대종상영화제 다큐멘터리상.

11 「〈비념〉 연출의도」, 《서울독립영화제》, 2025년 7월 1일 검색.https://siff.kr/films/%EB%B9%84%EB%85%90/

려내고 있어, 영화의 스타일 연출에서 단편적인 이미지와 이미지를 연결하는 독특한 표현을 보여준다.

〈수프와 이데올로기〉는 〈디어 평양〉(2006), 〈굿바이, 평양〉(2011), 〈가족의 나라〉(2013)로 북한 삼부작을 만든 조총련계 재일교포인 양영희 감독의 영화이다. 이 영화는 누구에게도 말하지 못했던 70년을 숨겨온 비극적 사건을 통해서 양영희 감독 어머니의 사적 역사를 다루고 있으며 진실된 카메라의 위력이 돋보인다. 양영희 감독의 어머니 강정희는 전작 다큐멘터리영화 2편에서 밝히지 않았던 비밀, 70년 동안 감춰왔던 제주4·3사건의 피해자로서 생생한 현장을 증언하지만, 알츠하이머 증후군으로 기억을 잃어감으로써 기억/망각의 간극을 보여준다. 이 영화는 가족의 사적 기억을 통해 국가의 공적 역사에 대해 문제를 제기하며, 기억을 잃어가는 어머니가 겪은 제주4·3사건의 비극을 마주하게 만든다. 영화가 전개될수록 제주4·3사건의 비극에 점점 다가가며, 다큐멘터리영화와 애니메이션영화의 결합을 통해 현재와 과거를 횡단한다는 점에서 독특한 표현을 보여준다.

주디스 버틀러는 『위태로운 삶: 애도의 힘과 폭력』[12]에서 폭력으로 인한 삶의 취약성과 애도의 부재에서 출발하여 인간과 주체를 새롭게 정의하고 비폭력적 윤리의 가능성을 모색한다. 이러한 논의는 폭력과 혐오의 시대에 인간의 생명이 얼마나 쉽게 파괴되는지, 통치와 권력에 의해 공적 담론의 장에서 얼굴을 박탈당하고 권리 없는 생

---

12 Judith Butler, Precarious Life, 주디스 버틀러, 『위태로운 삶: 애도의 힘과 폭력』, 윤조원(역), 필로소픽, 2018/2021.

명이 되는지, 뿌리 뽑힌 삶 앞에서 애도 가능성을 무기한 연기하고 무감각해지게 되는지를 살펴본다. 주디스 버틀러는 폭력으로 인한 비인간화, 비실재화, 탈실재화, 탈인간화의 양상뿐만 아니라 상실의 불가사의한 차원과 애도 가능성의 차등적 배분을 고찰한다.

2) 〈비념〉: 집단학살의 비극적 공간과 과거/현재의 대비

죽음: 무장대 가족의 억울한 죽음과 분절된 영상의 교차편집

〈비념〉은 제주의 '공간'을 횡단하면서 현재의 평온한 삶과 과거의 비극적인 삶, 현재의 아름다움 풍광과 과거의 잔혹한 학살 현장을 대비시키면서 '죽음', '폭력', '애도'의 문제를 각각 제기한다.

애월읍의 납읍리 · 상가리와 표선면의 표선리 · 토산리 · 가시리는 '죽음'의 공간이다. 애월읍 납읍리의 강상희 · 김봉진 · 오국만, 애월읍 상가리의 강상문은 무장대의 억울한 죽음과 무장대 가족의 비극적인 연쇄 죽음이 서사를 그려낸다. 강상희는 제주4 · 3사건의 희생자 김봉수의 아내이고, '귀양풀이'[13]를 하는 고인 강상문의 여동생이고, 이 영화의 김민경 프로듀서의 외할머니라는 점에서 이 영화의 핵

---

13 '귀양풀이' 귀양풀이는 제주도에서 장례를 지낸 날 밤 상가에서 치르는 무속의 례이다. - 「귀양풀이」, 《한국민족문화대백과사전》, 2025년 7월 2일 검색. https:// encykorea.aks.ac.kr/Article/E0007218

심 인물이다. 김봉수의 어머니는 8남매를 낳았으나 딸 3명이 죽어 큰 아들 김봉주에게 특히 의지하여, 일본으로 유학가겠다는 김봉수의 요청을 거절하는 대신 결혼시키나, 제주4·3사건으로 김봉수가 죽게 되자 절망하여 통곡하며 곡기를 끊고 죽게 된다. 강상희의 딸 김순자와 손녀 김민경은 비석이 없는 고인 김봉수의 무덤을 찾고자 하지만 실패하면서, 남성들의 전유물로 여겨져 여성들이 벌초할 수 없는 제주의 보수적인 성차별의 잔재를 느낀다. 무장대 김봉수의 가족은 폭도 새끼라고 불리며 침묵을 강요당하고 무장대와 도피자의 가족이 살해당하는 억압적 상황을 토로하면서, 과거의 억울한 죽음과 무고한 희생을 슬퍼한다.

애월읍의 납읍리·상가리와 표선면의 표선리·토산리·가시리에서 핸드헬드와 뒷모습, 트래킹과 핸드헬드, 교차편집, 분절된 영상은 과거/현재에 나타나는 죽음/억압, 자유로움/고통, 죽음/회한의 대조를 통해 '죽음'을 표현한다.

[사진1] 〈비념〉 오국만의 인터뷰 장면 ⓒ 네이버 포토

오국만의 인터뷰 장면은 두 단계로 구성된다. 1차적으로 무장대 가족에 대한 과거 억압 상황을 회고하는 오국만의 목소리(자막)와 무장대 김봉수의 무덤이 있는 산을 비 내리는 가운데 헤매는 유족들의 뒷모습(영상)이 겹쳐지며 제시된다(사진1 좌측). 2차적으로 이어

지는 장면은 인터뷰를 진행하는 오국만의 영상을 보여준다(사진1 우측). 오국만은 "폭도 가족도 폭도나 마찬가지로 생각해서 죽였다는 것이지. 그러니까 그 자식이니까 폭도새끼"라는 식의 폭언과 함께, 표선국민학교에 무장대 가족들을 수용했던 과거 상황을 진술한다. 1차 장면은 비가 내리는 산을 헤매는 무장대 유족들의 모습을 흔들리는 핸드헬드와 뒷모습으로 보여주고, 과거 무장대와 무장대 가족의 죽음(목소리·자막)과 현재 무장대 유족의 모습(영상)을 결합하여 사운드/영상의 불일치를 통해서 과거의 죽음과 현재의 억압을 표현한다.

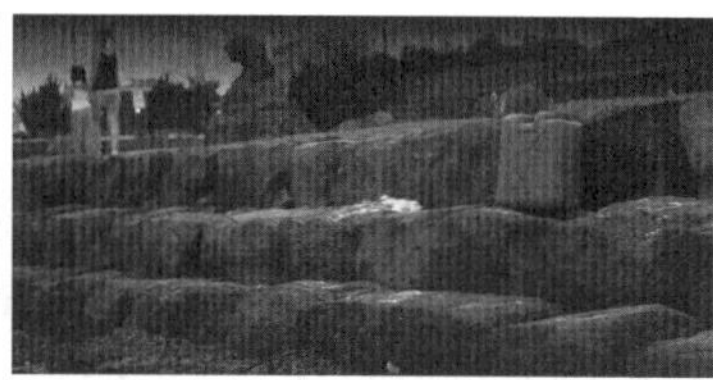

[사진2] 〈비념〉 표선해변에서 가족들이 노는 장면 ⓒ 네이버 포토

표선해변에서 가족들이 노는 장면은 '표선해변: 1948년 12월 토산리 주민 157명 희생'이라는 자막, 올레 4코스와 집단학살을 의미하는 붉은 점을 표시한 제주 지도, 표선해변에서 노는 가족들의 영상을 결합한다(사진2). 이 장면에서 오른쪽에서 왼쪽으로 움직이는 카메라, 트래킹과 핸드헬드는 표선해변의 어두운 공간에서 가족들의 화목한 모습으로 이동함으로써 과거의 비극적 죽음과 현재의 평온한 삶을 대비시킨다.

여성들이 댄스스포츠를 추는 장면과 남성이 어두운 산길을 걷는 장면은 교차편집을 통해 현재의 자유와 과거의 상흔을 대비시킨다(사진3). 여성들이 댄스스포츠를 추는 장면에서 고정된 카메라와 표준앵글은 즐겁게 댄스스포츠를 즐기는 현재의 삶을 표현한다(좌).

[사진3] 〈비념〉 여성들이 댄스스포츠를 추는 장면(좌)과
남성이 어두운 산길을 걷는 장면(우) ⓒ 네이버 포토

반면에, 남성이 어두운 산길을 걷는 장면에서 흔들리는 카메라와 하이앵글은 현재 캄캄한 산길을 걷는 남성의 모습을 통해 과거 산에서 힘겹게 투쟁했던 무장대의 모습을 투영한다(우). 두 장면의 교차 편집은 현재/과거, 여성/남성, 즐거움/힘겨움의 대조를 통해 현재의 자유로움과 과거의 고통을 대비시킨다.

[사진4] 〈비념〉 가시리 구석물당에 비가 떨어지는 장면 ⓒ 네이버 포토

가시리 구석물당에 비가 내리는 장면에서 마을 신을 모시는 구석물당(가시리 본향당), 비가 떨어지는 바위와 풀, 고여 있는 빗물에 비치는 나뭇가지 등의 영상들의 결합은 마치 실험영화처럼 분절된 영상, 영상/사운드의 분리를 통해서 과거 망자들의 한과 현재 유족들의 회한을 표현한다(사진4). 올레길 3코스 가시리의 구석물당 장면은 지도에서 집단학살을 의미하는 붉은 점으로 표시되는 영상이 먼

저 제시되고(좌), 비가 내리는 풍경을 흑백의 색조로 담아내는 영상
이 이후에 제시됨으로써 과거의 죽음과 현재의 회한을 연결한다.

〈비념〉에서 인물들은 집단학살의 비극적 '죽음'으로 슬픔의 속박
상태에 묶여있다. 과거의 기억에 대해 강상희는 침묵하고 강상문은
왜곡하는 모습을 보여준다. 희생자와 희생자의 가족·지인이 침묵하
고 우울증 증세를 보이는 것은 이미 애도의 금지와 박탈로 인한 애도
의 부정이 나타나는 것이다. 제주4·3사건의 대규모 학살과 비극적
죽음은 인물들에게 극도의 위협과 공포, 신체적·정신적 고통을 가
한다. 이들은 국가폭력이라는 절대적 권력 앞에서 자율성을 박탈당
한 채, 통제력을 상실하고 국가의 명령 체계에 종속되는 존재가 된다.

애도는 상실을 경험한 사람들에게 비극을 직면하고 자신의 존재
를 되찾을 기회를 제공하고, 애도의 금지는 슬픔과 상실을 경험한 사
람이 계속 제정신이 아닌 존재가 되게 함으로써 개인의 자율성을 박
탈한다. 슬픔은 '대체 가능성의 불가능성으로 온전히 이해할 수 없는
상실의 불가사의한 차원으로 나타나고, 관계의 와해와 박탈로 인해
서 복잡한 수준의 정치 공동체를 가능하지 못하게 만든다.'[14] 인물들
은 침묵을 강요당하고 슬픔을 표출하지 못하여 슬픔의 속박 상태에
서 벗어나지 못하며, 슬픔에 대한 공감을 통해서 관계의 공동체를 형
성할 기회를 박탈당한다.

〈비념〉에서 '죽음'의 재현은 생존, 억압, 치유의 의미로 그려진다.
김소연은 다음과 같이 〈비념〉이 숭고의 미학으로의 도피, 회피에 의

---

14 Judith Butler, 앞의 책, 48-52쪽.

한 부정적 승화를 보여준다는 점을 지적한다. 하지만, 김소연의 주장은 세 가지 측면에서 검토할 여지가 있다.

가장 폭력적이고 처참한 장면, 치명적이고 결정적인 장면에 이르면 그 참담함과 정면대결하지 않고 날아다니는 까마귀떼나 웅장한 오름의 능선으로 시선을 돌려버리는 것은 어떤 심리적 효과를 자아내는가? 그것은 혹시 칸트가 말했던 역학적 숭고나 수학적 숭고로 도피해버리려는 태도를 숨기고 있는 것은 아닐까?[15]

〈비념〉의 선택 역시 승화의 본질인 회피 동기에서 비롯된 것은 아닐까? 초자아의 권위 아래 숨어들어 4·3사건이라는 트라우마적 대상을 숭고의 안전거리 밖에서 관조하(기만 하)려는 태도는 아닐까? 그렇다면 이 트라우마적 장면을, 기억을, 역사를 이처럼 숭고의 미학으로 덮어버리는 것을 과연 윤리적 선택이라 말할 수 있을까?[16]

〈비념〉은 숭고의 미학을 추구하는 가운데 실재와의 만남을 회피함으로써 원근법적인 관조 내지 관찰의 위치를 고수하는 태도를 보였다. 그러한 거리두기와 은유의 전략은 광주항쟁을 소재로 하는 많은 영화들이 시도했던 역사적 폭로와 자기반성의 경로에 발을 디디지 않으려는 유보의 제스처로 읽힌다.[17]

우선, 침묵과 기억 왜곡은 생존의 방식이다. 과거의 국가폭력은 과

---

15 김소연, 앞의 논문, 12쪽.
16 김소연, 위의 논문, 13쪽.
17 김소연, 위의 논문, 20쪽.

거-현재의 애도 부재 때문에 현재까지도 영향을 끼치며, 침묵과 망설임은 인식과 관심의 부재보다는 망각의 윤리, 과거-현재의 몽타주를 통해서 역사적 트라우마와 생존의 방식을 보여준다. 김소연은 〈비념〉에서 제주4·3사건을 미군정의 책임으로 돌리는 것을 회피라고 지적한다. 하지만, 제주4·3사건의 가해자가 국가와 미군정이기 때문에 국가와 미군정의 책임으로 돌리는 것은 타당하며 죽음의 공포 앞에서 말을 하지 않고 침묵하는 것은 회피가 아니라 어쩔 수 없는 생존의 방식이라고 볼 수 있다. 이 영화에서 인물의 침묵, 거짓말, 왜곡도 마찬가지 상황을 나타낸다.

인터뷰하는 인물의 얼굴을 보여주지 않고 말만 들려주는 장면 혹은 인물이 침묵하는 장면은 얼굴의 부재 혹은 말의 부재를 통해 침묵할 수밖에 없는 억압적 현실을 표현한다. 강상희는 침묵하고 강상문은 제주도에 공산당이 없었다고 말한다. 대량 학살로 인한 죽음의 공포를 겪고 70년 동안 침묵을 강요당하는 현실에서 발생하는 역사적 트라우마는 개인이 극복할 수 있는 문제가 아니기 때문에 현실 직시를 회피하는 형식주의적 태도라는 김소연의 주장은 받아들이기 힘들다. 침묵은 대량 학살 앞에서 죽음이 아니라 삶을 선택하는 것 혹은 죽지 않기 위해 불가피한 선택을 하는 것이기 때문에 회피가 아니라 생존의 방식이라는 점을 표현한다.

다음으로, 인터뷰는 분절된 형식과 기억의 단편적 조합을 통해 강요된 침묵과 억압적 현실을 반영한다. 인터뷰는 강상희, 강상문, 제주도민, 오사카 할머니들, 강상희의 순서로 진행된다. 이 영화에서 집단 트라우마는 국가폭력으로 인한 것이기 때문에, 집단 트라우마의 해결도 개인 차원으로는 해결할 수 없다. 침묵을 강요받아 집단 트라우마가 있음에도 불구하고 집단 애도가 불가능한 상황은 억압적 현실을 드러낸다. 충격적인 부분은 자막의 학살 현장이 지도의 올레길 코스가 되어 붉은 점으로 표시되는 부분이다. 사건이 전개될수록 지도에서 붉은 점이 점점 늘어나면서 희생자가 확대되고 공간이 확장되면서 제주도 전역에 걸쳐 붉은 점이 표시된다. 붉은 점은 제주가 현재에는 그 흔적이 없는 아름다운 '자연'이지만 과거에는 끔찍한 투쟁, 학살, 죽음의 '현장'이었다는 점을 표현한다.

마지막으로, 이 영화는 역사적 상흔에서 트라우마의 치유로 나아가고자 한다. 제주4·3사건은 남로당 지지 세력이 총파업을 하여 체포·판결·죽음을 당했다는 점에서 이승만 정부와 남로당의 이념적 갈등으로 인한 정치적 학살 사건이다. 하지만, 강상문은 제주도에 공산당, 공산당원의 존재 자체가 없었다고 부정한다는 점에서 기억의 왜곡이 나타나기도 한다. 인물들은 국가폭력의 살인과 죽음으로 인한 두려움과 공포로 인해 기억을 은폐하고 왜곡하게 된다. 그래서 기억 왜곡, 위장 기억은 자신의 목숨을 지키고자 할 정도로 무의식적 방어가 격렬하게 일어나고 있다는 점에서 역사적 트라우마를 드러낸다. 이 영화는 트라우마의 대상을 직시하기도 힘들 정도의 역사적 상흔을 드러내며, 국가폭력으로 인한 트라우마의 두려움, 공포를 그려냄으로써, 기억의 공유를 통해 인정의식과 트라우마의 치유를 보여준다.

폭력: 집단학살로 인한 복수의 확산과 리버스 화면의 염원

〈비념〉에서 일본의 오사카와 제주의 용담리, 제주국제공항, 강정

마을은 '폭력'의 공간이다. 일본 오사카의 제주 할머니들, 제주의 김성주, 이덕구 총사령관, 김정민은 무장대 총사령관의 비극적 죽음과 용담리 민간인 수용자 집단학살의 서사를 그려낸다. 일본 오사카로 피난한 제주 할머니들은 집단학살을 피해 제주를 탈출한 생존자들이고, 제주에 대한 깊은 두려움과 거부감을 드러내며 현재도 4·3의 집단학살 트라우마에 시달린다. 제주4·3사건의 집단학살을 피해 일본 오사카로 망명한 할머니들은 일본에서 한국어를 쓴다는 이유로 멸시받고 일본어를 하지 못해 차별당하면서 점차 한국어를 잊게 된다.

1949년 9월부터 1950년 3월 사이 무장대 가족들은 1949년 입산 이후 식량이 없어 친척집에 구걸하거나, 식량을 구하러 하산하다가 토벌대에 적발되거나 첩자의 밀고로 살해당하는 일이 빈번했다. 무장대와 토벌대가 일시적으로 무장 해제를 약속했지만, 양쪽 모두 무장한 채로 나타나 총격전으로 집단 죽음이 발생한다. 충돌의 핵심 공간인 교래리 북받친밭 '이덕구산전'은 1949년 봄부터 무장대 2대 총사령관 이덕구와 그의 부대가 주둔한 장소이며, 토벌대(군인·경찰·서북청년회)에 대한 무장대의 최후 항전이 벌어진 곳이다. 이덕구 총사령관은 조천중학교 교사로 재직하다가 입산하여 2년 동안 무장대 활동을 하고, 1949년 6월 경찰과 교전하다가 살해되어 시신이 관덕정 광장에서 십자가형 틀에 매달려 전시되는 치욕을 당한다. 이덕구 총사령관의 가족은 대부분 토벌대에 의해 살해되고, 조카 이복숙만 일본 오사카로 밀항하여 목숨을 건진다. 과거 강정마을의 구럼비 바위는 헤엄을 치다가 물에 빠지거나 돌에 부딪혀 죽는 등 죽음의 공간이며, 현재 강정마을은 해군기지를 건립하려는 정부와 반대하는 마을이 갈등하는 공간이라는 점에서, 과거 양민 학살과 현재 마을 붕괴에서 국가폭력을 보여준다. 제주4·3사건은 무장대뿐만 아니라 무장대 가족까지 살해하는 등 폭력의 확산과 죽음의 확산을 보여준다.

일본의 오사카와 제주의 용담리·제주국제공항·강정마을에서 클로즈업과 익스트림클로즈업, 핸드헬드와 굿소리, 흑백영상과 리버스 화면은 거부감과 두려움, 힘겨운 삶과 고통, 폭력/평화의 대비를 통해 '폭력'을 표현한다.

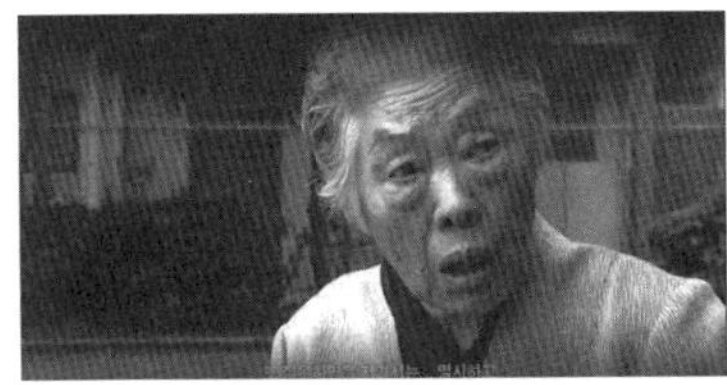
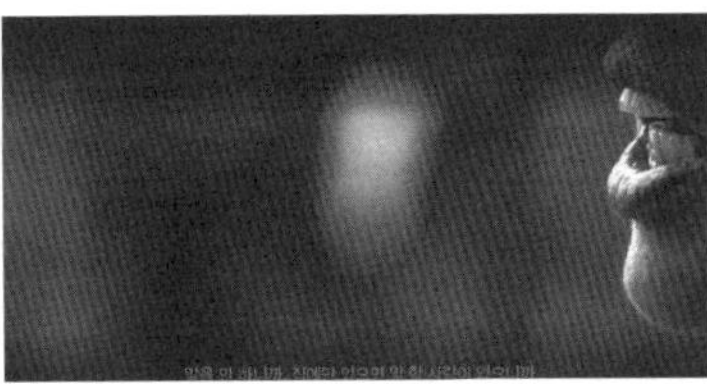

[사진5] 〈비념〉 오사카의 제주 할머니 인터뷰 장면 ⓒ 네이버 포토

오사카의 제주 할머니들의 인터뷰 장면은 얼굴 클로즈업과 입의 익스트림 클로즈업을 통해서 과거 집단학살의 충격과 현재 트라우마의 고통을 표현한다(사진5). 오사카의 미유키모리 제1공원과 쓰루하시 코리아타운은 제주 할머니들의 쉼터이다. 클로즈업과 익스트림 클로즈업은 아직도 집단학살의 충격에서 벗어나지 못해 한국 제주에 대한 두려움과 거부감을 느끼며, 집단학살의 죽음으로 인한 트라우마로 고통받는 일본 오사카 할머니들에게 감정이입하게 만든다. 오사카 할머니 인터뷰는 한국과 일본에 모두 뿌리를 내리지 못하고 떠도는 이민자의 디아스포라를 부분적으로 표현한다.

오사카의 용왕궁 장면은 핸드헬드와 노래의 결합을 통해 용왕궁에 의지할 수밖에 없었던 오사카 할머니들의 고통을 표현한다(사진6). 영상은 용왕궁이 '오사카 사쿠라노미아에 위치하여 제주도 출신

재일교포들이 토속신앙의 대상인 용왕에게 소원을 빌고 굿을 하던 곳으로 지금은 폐쇄됨'이라는 자막을 보여주고, 핸드헬드로 폐허가 된 용왕궁의 모습을 계속 훑어나간다. 이때 흘러나오는 남성 무당의 노랫소리는 "밥이 없어 밥을 줍서 옷이 없어 옷을 줍서…… 옷과 밥은 사람들이 살아가는 데 필요하오. 얻어서도 밥을 주오." 등의 자막, 용왕궁의 폐허 영상과 결합하여 오사카의 제주 할머니들의 힘겨운 삶을 표현한다.

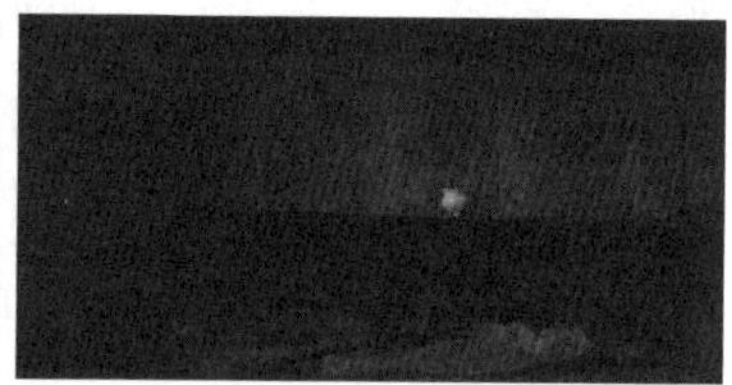

[사진6] 〈비념〉 오사카의 용왕궁 장면 ⓒ 네이버 포토

경찰들과 미군들이 주민들에게 총을 쏘는 장면은 흑백 영상, 리버스 화면을 통해서 국가폭력의 잔혹성과 집단학살의 참혹함을 표현하고 폭력/평화를 대비시킨다(사진7). 한국경찰과 여성, 시체들, 미군 책임자들, 기관총을 쏘는 장면이 나오고(위), 경찰들과 미군들의 학살, 총격이 벌어지는 마을, 경찰과 미군의 퇴진, 군사 차량의 퇴진이 리버스 화면으로 펼쳐진다(아래). 리버스 화면은 마을에서 경찰과 미군이 물러나고 폭력의 상태에서 다시 평화의 상태로 돌아가고자 하는 염원을 담아낸다.

〈비념〉은 '폭력'에 대한 재현에서 저항으로 나아간다. 희생자의 대량 죽음으로 귀결된 비극적 사건은 희생자의 완전한 대체 가능성을 불가능하게 만들 뿐만 아니라, 억울한 죽음으로 인한 상실을 표출하지 못하고 침묵을 강요한다. 공권력은 국가폭력과 집단학살을 통해 국가폭력을 당연시하는 태도, 국가폭력을 용인하는 태도 등 침묵을 강요하는 억압적 환경을 조성한다.

[사진기] 〈비념〉 무장한 경찰들과 미군들이 주민들에게 총을 쏘는 장면(위)과
리버스 장면(아래) ⓒ 네이버 포토

　　생존자들은 국가폭력에 대한 공포와 육체적·정신적 취약성으로 슬픔의 상실을 표출할 수 없게 된다. 공권력이 집단학살에 대한 희생자의 목소리와 기억을 빼앗는 과정, 무장대라는 특정 집단의 존재를 사회적으로 지우는 과정, 무장대원이라는 특정 집단의 구성원을

실재하지 않는 것으로 만드는 과정은 모두 비실재화에 해당한다. 주디스 버틀러에 의하면, '공개적인 슬픔의 인정에 대한 금지가 살해한 사람들을 죽은 것으로 간주하는 일과 관련하여 일반화된 우울증, 상실의 탈실재화를 결과적으로 옹호하는 명령이다.'[18] 사물과 풍경의 은유는 끔찍한 학살의 공격성으로 인한 두려움과 공포를 표현하면서 동시에 폭력으로 인한 삶의 위태로움을 반대하는 의미로 사용된다. 폭력의 재현은 집단학살로 인한 상실을 표현하면서 동시에 상실의 주체가 변할 수 있다는 가능성을 제시함으로써 폭력에 대한 저항의 시발점이 된다.

〈비념〉에서 '죽음'은 국가폭력에 의해 규정되는 이분법적 시각을 비판하는 장치로 작동한다. 제주4·3사건의 사망자 3~6만 명은 단일 지역에서 발생한 대량 학살로서 최대 인명피해이며, 사망자뿐 아니라 유족, 가족, 지인까지 포함하면 사실상 제주도민 전체가 직간접적으로 이 사건에 연루됨을 의미한다. 제주4·3사건은 '한국전쟁 다음의 인명피해를 기록하였고 도피자 가족의 대살 등 진압군의 가혹성으로 인한 비극적 사건으로 두려움과 공포가 나타나고, 무력 충돌과 진압 과정에서 학살의 가해자는 토벌대 86.1%와 무장대 13.9%로 나타난다.'[19] 토벌대, 경찰, 군인 즉 공권력에 의한 계엄령과 군경에 의한 강경 진압이 대량 학살의 원인이라는 점에서, 가해자는 국가이다. 그래서 제주4·3사건은 제주도민이 가해자/피해자, 토벌대/무장대로 나뉘어 서로 총칼을 겨눈 사건이다.

---

18 Judith Butler, 앞의 책, 70쪽.
19 김병록, 앞의 논문, 78-90쪽.

이 영화에서 인물들은 내무부 장관의 계엄령 선포, 계엄사령관의 지나친 탄압과 학살을 비판하며, 대량 학살의 과거 비극, 스스로 가해자이자 피해자라는 인식, 피해자이면서 가해자라는 인식에 의한 비극이라는 점을 강조한다. 제주4·3사건은 사소한 사건에서 진행되었으나 좌익/우익의 이념 갈등, 남한/북한의 대립으로 공권력의 강경한 탄압이 이어지면서 거대한 비극이 생겨난 것이다. 제주4·3사건은 '진압 과정의 잔혹성과 대량 학살이라는 인권 유린 역사에서 무장 폭동과 양민 학살이라는 두 시각이 나타나며, 특별법이 현실 정치와의 타협물로 절대 선과 절대 악의 이분법을 보여준다.'[20] 이 영화는 제주4·3사건을 무장 폭동이 아닌 양민 학살로 규정하고, 절대 악으로 규정된 무장대(가족)에 대한 서사를 통해 국가폭력의 잔혹성과 억압적 현실을 드러냄으로써 절대 선과 절대 악의 이분법에 대해 비판한다. 생존자들은 빨갱이 새끼, 폭도 새끼라는 멸시, 죽음을 통한 복수, 계속되는 차별로 인해 침묵하게 되며, 과거의 죽음과 현재의 침묵으로 트라우마의 현재 진행형을 보여준다. 제주4·3사건은 '빨갱이 자식에 대한 차별로 침묵하게 만들어 공권력에 의한 진실의 왜곡, 폄훼가 일어난다.'[21] 이 영화는 제주4·3사건이 1947년 3월부터 1954년 9월 즉 7년 6개월이라는 장기간에 걸쳐 많은 인명 피해가 있었음에도 불구하고 언론에 대한 통제, 희생자에 대한 차별로 인해 침묵이 장기화된 억압적 현실을 그려낸다.

---

20 김병록, 앞의 논문, 97-113쪽.
21 김병록, 앞의 논문, 97-113쪽.

애도: 공권력의 억압으로 인한 애도 부재와 망자의 시선을 통한 애도

〈비념〉에서 일본의 오사카와 제주의 구좌읍, 화북동, 강정마을, 애월읍, 표선면은 '애도'의 공간이다. 이 공간은 공권력의 오판과 과도한 학살로 억울한 죽음, 무고한 희생, 애도 부재를 보여준다. 오사카의 할머니들은 과거 집단살해의 트라우마와 현재 제주에 대한 분노를 나타낸다. 강명자(가명)는 제주4·3사건 때 죽창으로 젊은이들을 다 죽은 일을 언급하며, 제주가 "제일 사람이 못 살 곳", "제일 나쁜 곳"이라며 분노한다. 재일교포 3세 김철의·김민수의 2인이 극단 항로는 남한·북한 국적을 모두 거부한 재일교포라는 이유로 한국 입국으로 거부당하며, 연극에서 제주4·3사건의 비극을 그려낸다.

구좌읍 세화리 다랑쉬 마을 사람들은 마을이 불태워지자 다랑쉬 오름의 다랑쉬굴로 숨지만, 토벌대들에 의해 발각되어 동굴 입구에 피워진 불로 인해 11명이 질식해 죽는다. 화북동은 무장대 39명이 학살된 공간이다. 강상희의 남편인 김봉수는 1948년 12월 29일 조작된 군법회의에 회부되어 1949년 2월 화북동에서 총살되고, 시신 수습이 금지된 6개월이 지나서야 비로소 시신의 주머니에 있는 목도장이 확인되어, 그 시신이 아버지·동생이 끄는 수레에 실려 집으로 돌아온다. 강정마을은 197명의 주민이 학살된 공간이다. 강정마을의 강상문은 제주가 반공사상이 강해서 공산당이 없었음에도 불구하고 내무부 장관이 계엄령을 내리고, 송요찬 계엄사령관이 군인들에게 학살을 지시하면서 제주4·3사건이 벌어졌다고 증언한다. 표선면 가시리 고야언덕은 1948년 12월 22일 주민 500명이 집단 학살된 공간이다. 가시리의 한선화는 집단학살 때 도피한 사건, 고아원에 떼어놓

은 아이의 죽음, 아버지의 죽음, 자녀의 죽음을 회고하며 눈물을 흘린다. 제주의 구좌읍, 화북동, 강정마을, 애월읍, 표선면은 마을 사람들에 대한 집단학살로 애도의 공간이자 공권력의 억압에 의한 애도 부재의 공간이다.

제주의 구좌읍, 화북동, 강정마을, 애월읍, 표선면에서 흑백 사진의 교차편집, 자막/영상의 대비, 칼라/흑백의 대비, 익스트림 롱숏과 관찰자적 시선은 집단학살의 비극과 죽음/즐거움, 죽음/고통, 비극/평화의 대비를 통해 '애도'를 표현한다.

[사진8] 〈비념〉 군인들이 무장대를 총살하는 장면 ⓒ 네이버 포토

화북동에서 군인들이 총살하는 장면은 칼라/흑백의 대비, 총을 겨누는 군인들과 총살되는 무장대의 교차편집, 사물놀이패의 사운드를 결합하여 과거 집단학살의 비극을 표현한다(사진8). 현재 화북동 공터 장면은 쓰레기가 널려있는 화북동의 공터를 사람의 시선으로 바라보는 영상, 사람의 걷는 생생한 소리로 보여준다. 과거 화북동 공터 장면은 무장대에게 총을 겨누는 군인들, 나무에 묶여 총살된 무장대

들의 모습을 흑백 사진의 교차편집으로 표현하고, 사물놀이패의 꽹과리·징의 소리와 "빨갱이 새끼들! 발사!"를 외치는 소리와 함께 결합하여 집단학살의 현장을 생생하게 표현한다. 이때 흑백 사진에 점점 다가가는 카메라는 총살을 집행하는 군인들과 총살당하는 무장대들을 점점 가까이 보여준다. 이러한 구도는 군인들의 뒷모습보다는 무장대들의 앞모습을 부각시켜 관객이 무장대에 더 감정이입 하도록 유도함으로써 국가폭력의 비극을 여실히 드러낸다.

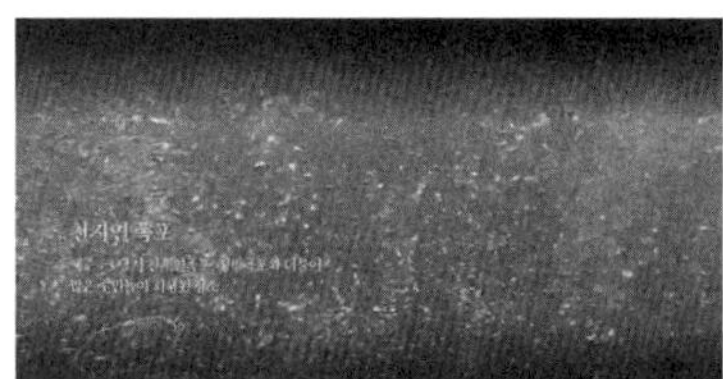
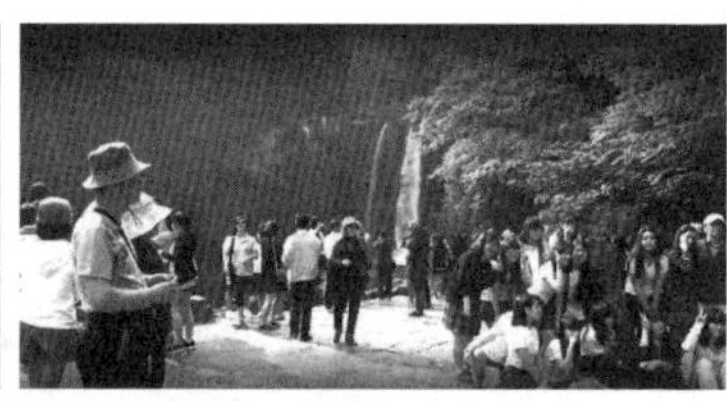

[사진9] 〈비념〉 천지연 폭포에서 관광객들이 즐거워하는 장면 ⓒ 네이버 포토

천지연 폭포 장면은 과거 주민들의 학살 현장이라는 자막과 현재 관광객들의 모습을 통해 과거/현재, 죽음/즐거움을 대비시킨다(사진 9). 먼저 과거 천지연 폭포, 청제연 폭포, 정방 폭포는 많은 주민들이 희생된 장소라는 자막이 나온다. 다음에 현재 관광객들이 즐기는 모습, 학생들이 즐겁게 단체 사진을 찍는 모습이 나온다. 두 장면의 주제 편집은 과거의 죽음과 현재의 즐거움을 더욱 극명하게 대비시킨다.

표선면 가시리의 한신화 할머니가 인터뷰하는 장면은 흑백/칼라와 롱숏/클로즈업의 대비, 주제 편집을 통해 과거 죽음과 현재 고통을 연결한다(사진10).

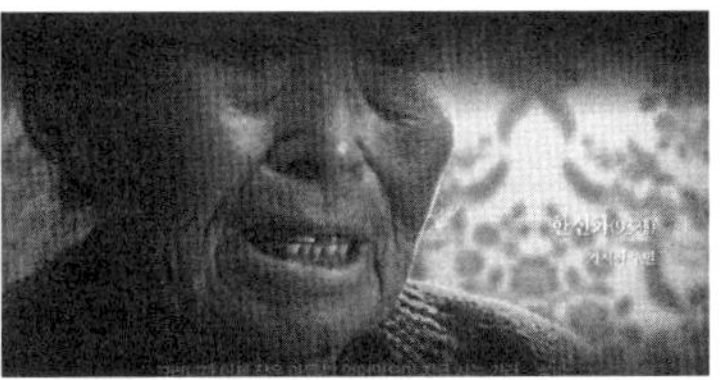

[사진10] 〈비념〉 한신화 할머니가 인터뷰하는 장면 ⓒ 네이버 포토

　한신화 할머니가 가족의 죽음을 말하는 장면은 먼저 눈이 쌓인 가시리의 무덤을 롱숏(흑백)으로 보여주고, 다음에 아이, 아버지, 자녀의 죽음을 말하며 슬퍼하면서 눈물을 흘리는 한신화 할머니의 얼굴을 클로즈업(칼라)으로 담아낸다. 이러한 주제 편집은 흑백/칼라의 대비로 과거의 죽음과 현재의 고통을 효과적으로 표현하며, 롱숏으로 멀리서 바라보는 죽음의 현장과 클로즈업으로 가까이 바라보는 인물의 슬픔을 연결하여 공적 역사에서 사적 비극으로 점점 다가간다.

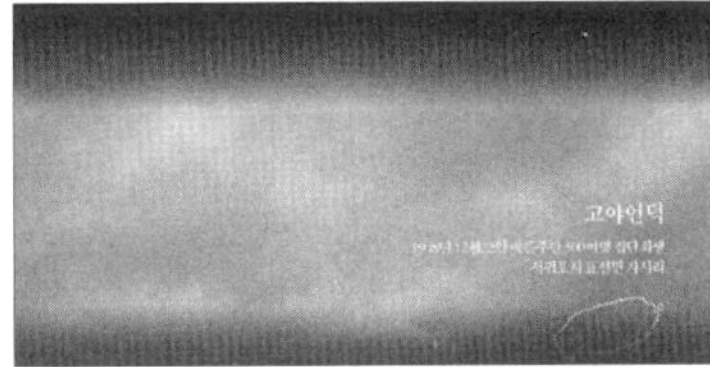

[사진11] 〈비념〉 사람들이 고야언덕을 올라가는 장면 ⓒ 네이버 포토

　고야언덕 장면은 집단학살을 설명하는 자막과 고야언덕을 오르는 사람들을 연결하는 주제 편집을 통해서 과거/현재, 비극/평화를 대비시킨다(사진11). 먼저 서귀포시 표선면 가시리의 고야언덕이 과거 1948년 12월 22일 마을주민 500명이 집단 희생된 공간이라는 자막과 붉은 점들이 표시된 제주도 지도가 나온다. 다음에 현재 사람들이 고야언덕을 오르는 모습을 익스트림 롱숏으로 담아낸다. 이러한 주

제 편집은 과거의 비극과 현재의 평화를 대비시키고, 고야언덕을 익스트림 롱숏으로 담아내는 카메라의 관찰자적 시선을 강조함으로써 국가폭력의 비극을 표현한다.

〈비념〉은 '애도'의 부재에서 '인정 투쟁'이라는 윤리적 정치적 차원으로 나아간다. 인물의 침묵, 기억의 왜곡, 사물의 은유는 억울한 죽음을 제대로 기록하지 않는 현실 혹은 기록하는 것이 불가능한 현실을 표현한다. 이러한 죽음은 강요당한 침묵으로 결국 담론의 장에 진입하지 못하고 생략부호 속으로 사라진다. 희생자 가족을 인터뷰하는 장면은 침묵하는 모습, 인터뷰하는 모습의 배제, 인터뷰 내용(전)과 인터뷰하는 사람(후)의 배치 등을 통해서 애도 부재의 현실을 표현한다. 이처럼 애도 행위가 공적으로 금지되거나 억압될 때, 인물들은 침묵과 기억 왜곡의 상태로 내몰린다.

2차 폭력은 희생자들을 '살아 있는 존재' 혹은 '죽은 존재'로 규정할 수 없는 유예 상태에 가두며, 그들을 침묵과 우울의 담론 속에 머물게 한다. 이는 곧 삶도 죽음도 아닌, 인간성 자체가 부정된 탈인간화의 상태로 이끄는 폭력이다. 서로 분리된 정체성들의 상호적 교환, 공동체의 성립을 위해서 각기 다른 방식으로 인정받고 똑같은 필요와 요구를 각자가 다른 방식으로 느낄 수밖에 없다는 점을 인정하는 인정 투쟁이 필요하다. 인정 투쟁은 "일종의 되기를 요청하는 것, 변화를 부추기는 것, 타자와의 관계 속에서 미래를 청원하는 것"이며, "우리 자신의 존재를, 나 자신의 존재에 대한 나의 불굴의 의지를 인정을 위한 투쟁에 거는 일"[22]이다. 이 영화는 대량 학살로 인한 애도

---

22 Judith Butler, 앞의 책, 79쪽.

를 표출하고 육체적·정신적 취약성을 인정하며, 취약성의 인정, 변화, 재구성을 통한 인정 투쟁으로 폭력에 저항하는 공동체로 나아갈 수 있는 단초를 보여준다.

〈비념〉은 사적 기억의 '애도'를 통해 지배 이데올로기에 저항한다. 신은실과 김태훈은 지배 이데올로기에 주목한다. 신은실은 '이 영화가 기억을 통제하고 조작하는 국가의 기억 존재 방식을 비판하며, 집단 기억을 지우는 공적 억압, 민간 학살이 자연스럽고 필수적이라는 이데올로기를 드러낸다'[23]고 주장한다. 김태훈도 '이 영화가 역사를 거시적 시각에서 접근하며 지배권력과 이데올로기에서 깨어나게 만든다.'[24]고 평가한다. 이 영화는 공적 역사를 통해 지배 이데올로기를 드러내지만, 사적 기억을 통해 지배 이데올로기에 저항한다.

이 영화의 서사 구조는 주인공과 적대자의 범위를 각각 확장해나가는 이중 전략을 취한다. 우선, 주인공 서사는 강상희를 중심으로 무장대와 그 가족들을 포함해 점차 확대된다. 이들의 기억과 목소리는 인터뷰 자료를 통해 재현되며, 이는 국가가 구성한 공적 역사 속 이분법적 시각에 대한 비판으로 작용한다. 사적 기억을 통한 '애도'의 서사는, 삭제되고 침묵당한 죽음을 회복하려는 시도로서 지배 이데올로기에 대한 상징적 저항의 역할을 한다. 한편 적대자 서사는 토벌대와 그 가족, 경찰, 계엄군, 미군 등으로 점차 외연을 확장하며 구성된다. 이들은 사진과 영상 자료를 통해 양민 학살과 국가폭력의 주체로 드러나며, 이를 통해 제주4·3사건의 공적 역사에 내재한 국가권

---

23 신은실, 앞의 논문, 125-126쪽.
24 김태훈, 앞의 논문, 166-167쪽.

력 중심의 지배 담론이 폭로된다.

설명이 배제된 불편하고 불친절한 서술은 의문에 대한 해답보다는 문제와 의문을 제기하여 관객이 비어있는 간극만큼 스스로 생각하게 만들고, 능동적인 사고와 참여를 유도하여 억울한 죽음에 대한 애도를 통한 저항에 동참하게 만든다. 끊어지는 이미지는 생각의 단절, 의식의 단절, 표출의 단절을 통해서 애도의 금지와 기억의 단절을 표현한다. 김태훈은 '풍경과 정물의 이미지, 서사의 종속에서 벗어난 이미지가 흔적과 아우라를 대비적으로 보여주며, 극적 전개와 연관 없는 이미지, 이미지에 종속되지 않는 사운드가 감정이입을 분산시키고 내용 몰입을 방해한다'[25]고 지적한다. 하지만, 이 영화에서 영화의 내용을 설명하지 않는 부분, 아름다운 풍광을 대량 학살의 공간과 연결하는 부분 등은 관객의 마음을 불편하게 만드는 불친절한 영화이지만, 이러한 불친절하고 불편한 서술로 영화의 중요한 의미를 전달하고 관객을 생각하게 만든다.

〈비념〉은 시선, 몽타주, 은유를 통해 '애도'를 표현한다. 망자의 시선은 폭력의 현장을 떠돈다. 이 영화에서 자연으로 시선을 돌리는 것, 학살의 현장(과거)을 제주 올레길 코스(현재)와 연결하는 것은 현재 아름답고 평화로운 자연이 과거 끔찍하고 참혹한 역사적 학살의 현장이라는 사실을 다시금 깨닫게 한다. 제주의 아름다운 풍광은 집단살해의 시초가 된 공권력의 발포사건과 공권력에 의한 집단살해의 현장이 되고, 관광코스인 올레길은 숨진 주민들의 혼, 죽은 집단살해

---

25 김태훈, 앞의 논문, 147-155쪽.

희생자의 원혼이 떠도는 공간이 됨으로써 목소리를 잃어버린 세상, 애도의 부재와 끝나지 않는 의문을 표현한다. 폭력적이고 처참한 현장에서 조용한 자연으로 시선을 돌리는 것은 김소연의 주장처럼 "숭고로 도피해버리려는 태도"나 "선택을 유예하기 위한 저 영원한 망설임"[26]이 아니라, 과거 국가의 폭력과 현재 트라우마의 흔적을 연결하는 의미를 내포한다. 어두운 밤에 남자가 산을 오르는 장면은 눈 쌓인 산, 산을 오르는 인물, 눈길에 찍히는 발자국과 사운드의 편집으로 반복하고, 인물의 시선을 통해 과거 무장대의 재현과 망자의 시선을 나타낸다. 이러한 반복은 무장대/토벌대의 전투가 심했던 겨울 무장대의 처절한 저항과 무장대 가족의 힘겨운 삶을 재현함으로써, 단선적인 기록의 공적 역사를 비판하면서 희생자의 시선으로 과거 대량 학살 사건의 상처를 그려낸다.

흔적의 몽타주는 과거 폭력을 상기시킨다. 공권력이 무고한 주민들을 학살하는 장면은 '아우라의 해체에서 흔적 찾기로의 변화, 일상의 풍경에서 정물의 이미지로의 확대를 통해 국가권력에 대한 비판을 제기한다.'[27] 이러한 몽타주는 자연에 흩어진 망자들의 혼령을 불러 모으며, 인물들의 침묵으로 비극적 정서를 표현한다. 김소연에 의하면, 〈비념〉은 스틸 사진의 몽타주로 망자들의 혼령을 그려내고 이미지/오디오의 불일치로 인물들의 침묵과 망설임을 담아내며, 폭력적이고 처참한 장면에서 시선 돌리기를 통해 숭고로의 도피, 선택을

---

26 김소연, 위의 논문, 12쪽.
27 김태훈, 앞의 논문, 156-166쪽.

유예하는 망설임의 시간, 회피의 미학을 표현한다.'[28] 하지만, 〈비념〉
은 유예의 망설임이나 숭고로의 도피가 아니라 은유의 몽타주, 죽음
의 은유를 통해 정치적 학살의 현장과 기억 투쟁을 적나라하게 표현
한다. 이때 익스트림 클로즈업은 피해자의 고통을 표현하고 익스트
림 롱숏은 대량 학살의 현장을 보여줌으로써 극과 극의 대비를 강조
한다.

사물의 은유는 망자의 원혼에 대한 애도이다. 강상희가 죽음에 대
한 사연을 들려주는 장면은 작물에 비닐을 씌워놓은 밭의 이미지로
죽음을 은유적으로 표현하고, 은유적인 몽타주 전략으로 사실의 전
달보다는 인물의 감정과 정서를 강렬하게 표현한다. 사물들의 풍경
혹은 풍경의 은유라는 독특한 스타일 표현은 과거/현재를 잇는 사건
의 현장/공간을 연결한다. 풍경의 이미지는 국가폭력으로 인한 대량
학살이라는 역사의 흔적을 나타내며, 사물의 이미지는 강요된 침묵
과 슬픔의 금지를 표현한다. 이러한 재현은 자율성, 충만함을 내포하
는 정물의 이미지들을 보여줌으로써 무고하게 죽은 원혼들을 애도하
고 흔적들을 담는다. 이 영화는 '망자 시선의 카메라, 비닐봉지와 그
림자, 필름 되돌리기를 통해 무장대와 양민에 대한 애도, 과거의 기
억을 통한 폭력에 맞서기를 표현하고, 음성/화면 불일치와 스틸사진
몽타주를 통해 기억을 없애는 침묵을 끊기, 몸에 새겨진 학살의 흔적
을 표현한다.'[29] 설명이 배제된 사물의 은유는 목소리를 잃어버린 세
상을 표현하며, 침묵의 강요, 애도의 부재, 트라우마의 지속을 드러낸

---

28 김소연, 앞의 논문, 7-13쪽.
29 신은실, 앞의 논문, 119-125쪽.

다. 과거 죽음, 폭력, 애도의 문제를 현재 사물의 은유와 연결하면서 억울한 죽음을 애도한다.

3) 〈수프와 이데올로기〉: 집단학살의 트라우마와 다가가는 카메라

민족: 삼계탕을 통한 한국인/일본인 소통과 경계 없는 존재

〈수프와 이데올로기〉는 한국인과 일본인의 소통, 북송사업의 회한, 집단학살의 공포를 통해 제주4·3사건으로 점점 다가가면서, 한국/일본, 남한/북한, 양민/국가의 관계를 통해 '민족', '이념', '폭력'의 문제를 각각 제기한다. 이 영화는 삼계탕, 한복 웨딩 촬영, 장례 체험을 통해 한국인/일본인 사이의 소통, 동화, 결합이라는 세 단계로 전개하면서 '민족' 문제를 제기한다.

우선, 삼계탕은 일본의 민족 차별, 한국인과 일본인의 소통, 식구 되기를 통해 '민족' 문제의 화두가 된다. 과거 양영희 감독의 아버지는 한국에서 겪은 일제강점기의 억압과 일본에서 겪은 한국인 차별로 인해서 일본인과의 연애와 결혼을 반대하지만, 현재 홀로 남은 어머니 강정희는 예비 사위인 일본인 카오루와의 만남에서 삼계탕을 대접하며 소통을 시도한다. 강정희가 상견례를 오는 카오루를 위해 삼계탕을 대접하는 모습, 강정희와 카오루가 함께 삼계탕을 만드는 모습, 카오루가 혼자 강정희를 위해 삼계탕을 만드는 모습 등 세 차례 반복되는 삼계탕은 환대, 협력, 효심으로 나아가며 한국인/일본인의 소통을 표현한다. 다음으로, 카오루가 아버지 영정에 가장 좋아하

는 위스키를 바치는 모습, 양영희와 카오루가 한복 웨딩 촬영을 하는 모습, 아버지의 영정 사진을 들고 가족사진을 찍는 모습 등은 한국인/일본인의 동화를 나타낸다. 마지막으로, 카오루가 강정희에게 온 장례 체험 초대장에 분노하여 항의하는 모습은 한국인/일본인 가족의 결합을 보여준다.

[사진12] 〈수프와 이데올로기〉 강정희가 예비사위 카오루에게 삼계탕을 대접하는 장면
ⓒ 네이버 포토

〈수프와 이데올로기〉에서 풀숏과 바스트숏, 롱숏과 미디엄숏, 풀숏과 바스트숏 등 숏 크기의 변화는 관계의 변화, 기대감과 친밀성, 기쁨과 그리움을 통해 '민족'을 표현한다. 어머니 강정희와 예비 사위 카오루의 상견례 장면은 풀숏, 미디어숏, 바스트숏 등 숏 크기의 변화를 통해 관계의 변화를 표현한다(사진12).

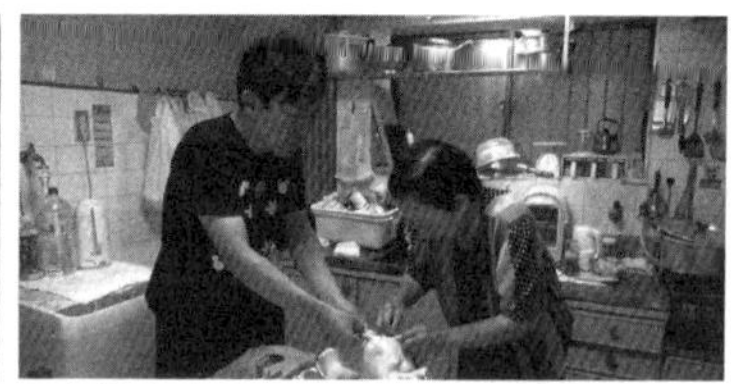

[사진13] 〈수프와 이데올로기〉 강정희와 카오루가 함께 삼계탕 장보기와 요리를 하는 장면
ⓒ 네이버 포토

카오루가 처음 강정희의 집을 찾아오는 모습(풀숏), 강정희와 카오루가 함께 삼계탕을 먹는 모습(미디엄숏), 두 사람이 웃는 모습(바스트숏) 등 점점 다가가는 카메라는 어색한 관계에서 우호적인 관계로의 변화를 그려낸다.

강정희와 카오루가 삼계탕을 준비하는 장면은 숏 크기의 변화를 통해 기대감과 친밀성을 표현한다(사진13). 두 사람이 삼계탕 재료를 사는 모습은 롱숏과 뒷모습을 통해 기대감을 표현하고, 함께 요리하는 모습은 미디엄숏과 앞모습을 통해 친밀성을 표현한다.

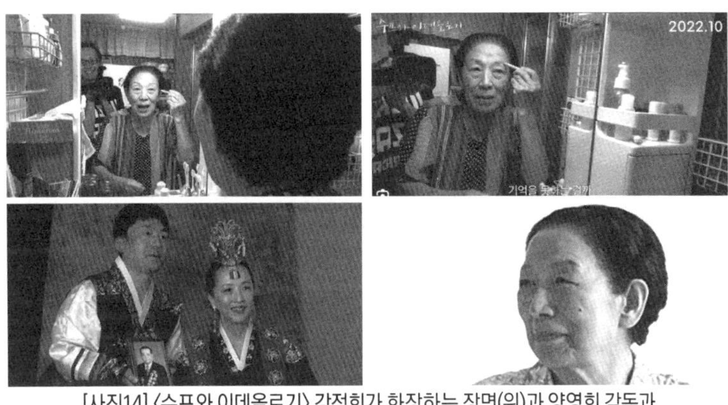

[사진14] 〈수프와 이데올로기〉 강정희가 화장하는 장면(위)과 양영희 감독과
카오루의 한복 웨딩 촬영 장면(아래) ⓒ 네이버 포토

강정희의 화장하는 장면과 양영희와 카오루의 한복 웨딩 촬영 장면은 숏 크기의 변화를 통해 인물의 기쁨과 그리움을 표현한다(사진14). 양영희 감독이 강정희가 화장하는 모습을 찍는 장면은 미디엄숏에서 바스트숏으로 다가가는 카메라로 기대감을 표현한다(위). 양영희·카오루가 아버지 사진을 들고 한복 웨딩 촬영을 하는 모습, 강정희가 두 사람을 바라보며 흐뭇한 미소를 짓고 있는 모습을 보여주면

서 미디엄숏에서 클로즈업으로 다가가는 카메라로 기쁨을 표현한다
(아래). 이때 풀숏, 미디엄숏, 바스트숏으로 점점 다가가는 카메라는
결혼을 바라보는 어머니로서의 기쁨, 남편을 그리워하는 아내로서의
아쉬움을 동시에 표현한다.

〈수프와 이데올로기〉는 민족 문제로 디아스포라와 경계 없는 존
재를 드러낸다. 강정희는 제주4·3사건의 피해자로서 집단학살을 피
해 일본으로 망명한다. 한국 제주에서 일본 오사카로(대과거), 일본
오사카에서 북한 평양으로(과거), 일본 오사카에서 한국 제주로(현
재) 등으로 계속 공간을 이동한다. 과거와 현재에 걸친 이러한 공간
의 이동은 한국/일본/북한 어디에도 정착하지 못하는 디아스포라를
보여준다. 이 영화는 '참혹한 국가폭력과 학살의 현장에서 일어난 고
통스러운 기억을 담은 성찰적 다큐멘터리영화이며, 기억/망각, 공식
적/사적 역사를 대비시키며 제주4·3사건의 기억과 디아스포라를
보여준다.'30) 인물은 제주를 떠나 남한/일본/북한 어디에도 소속되지
않는 디아스포라 상태가 되고, 경계로 구획된 존재로 차별을 당하고,
공식적인 공동체에 소속되지 못한 채 와해되고 경계 없는 존재가 된다.

이념: 45년의 북송사업의 회한과 기억/망각의 간극

〈수프와 이데올로기〉는 이름표기, 조총련 활동, 세 아들의 강제 북
송, 큰아들의 죽음을 통해 남북한의 이념 갈등과 45년 북송사업에 대

---

30 김계자, 앞의 논문, 100-105쪽.

한 회한을 보여줌으로써 '이념' 문제를 제기한다. 아버지의 '량공선'이라는 북한식 표기와 딸의 '양영희'라는 남한식 표기는 대비적인 이름표기를 통해 각각 북한/남한에 대한 이념적 갈등을 보여준다. 량공선과 강정희는 조총련 활동가를 일하면서 조총련의 지시에 따라 세 아들을 강제 북송시킨다. 량공선은 세 아들 강제 북송과 북송사업을 인정받아 북에서 훈장을 받지만, 큰아들은 북한에서 음악을 포기하는 삶에 비관하여 자살한다. 어머니는 45년간의 북송사업으로 몇 채의 집값에 해당하는 돈을 북송사업으로 보내고, 큰아들의 자살과 경제적 곤궁 상태로 북송사업에 대해 회한을 느낀다. 어머니 강정희는 치매로 북송사업을 망각하고, 딸 양영희는 북에 있는 조카에게 그 사실을 알릴지에 대해 고민한다.

[사진15] 〈수프와 이데올로기〉 강정희가 제주4·3사건을 증언하는 장면(좌)과
강제 북송된 세 아들 사진(우) ⓒ 네이버 포토

〈수프와 이데올로기〉에서 사진, 내레이션, 표정과 미디엄숏의 결합은 북송사업에 대한 회한을 통해 '이념'을 표현한다. 강정희가 제주4·3사건과 북송사업을 증언하는 장면은 사진 자료들의 편집을 통해서 북송사업에 대한 회한을 표현한다(사진15). 강정희가 제주4·3사건을 증언하는 장면은 사건 설명을 돕는 사진 자료, 증언과 함께 괴로워하는 어머니의 표정을 바스트숏으로 보여줌으로써 감정을 표현

한다(좌). 강정희가 북송사업을 말하는 장면에서 세 아들이 강제 북송을 당한 사건, 큰아들이 음악을 할 수 없는 상황에서 자살한 사건은 가족의 불행한 삶을 설명하는 양영희의 내레이션과 사진을 보며 고통스러워하는 어머니의 표정을 강조한다(우).

〈수프와 이데올로기〉는 이념 문제로 죽음/애도, 기억/취약성을 드러낸다. 강정희는 국가의 대량 학살로 인한 충격과 남한 정부에 대한 강한 불신으로 인해 남한보다는 북한에 대한 지지를 드러낸다. 국가 폭력은 피해자들이 슬픔을 표현하지 못하고 애도마저 불가능하게 만드는 억압적 상황을 조성함으로써, 4·3사건에 대해 침묵하도록 만든다. 강정희는 친지와 약혼자의 죽음을 통해 육체적 폭력을 경험하고, 이후 슬픔과 애도를 표출할 수 없는 상황에 놓이면서 슬픔에 갇힌 속박 상태에 처한다. 이 영화는 슬픔에 대한 차별성, 국가의 공권력과 피해자에 대한 억압, 사유와 애도의 불가능성을 드러낸다. 어떤 슬픔은 국가적으로 인정받고 확장되는 반면에 어떤 슬픔은 국가적으로 인정받지 못하고 확장되지 못한다는 점에서 슬픔에도 차별성이 부과된다. 애도의 부정은 육체적 취약성에 대한 사유, 상실에 대한 사유를 인식하지 못하게 · 만들고 부정함으로써 슬픔과 상실을 직면하지 못하게 만든다.

강정희가 한국에서 온 제주4·3사건 조사자들에게 사건에 대해 증언하는 장면은 거짓, 기억, 망각이 교차하는 복합적인 층위를 드러낸다. 그녀는 양영희 감독의 이전 다큐멘터리 두 편에서 자신이 제주4·3사건과 관련이 없다고 말하지만, 이 영화에서 제주4·3사건의 피해자라고 밝히는 등 뚜렷한 태도 변화를 보인다. 강정희는 국가 폭력으로 인한 트라우마 때문에 과거에는 거짓을 말할 수밖에 없었음을 고백하고, 이제는 그 기억을 회복하고자 노력한다. 그러나 그녀의 기억은 치매가 진행되면서 점차 흐려지고, 망각의 단계로 접어들게 된다. 죽음의 공포로 인한 담론의 금지는 발언의 금지로 인한 침묵, 기억의 억압으로 인한 왜곡을 통해서 담론적 삶의 한계, 죽은 자와 산 자의 탈인간화를 초래한다. 탈인간화는 '애도불가능한 삶을 없애버린 폭력과 공적 애도 가능성을 가로막는 금지로 인해 일어나며, 담론 거부의 결과로서 초래하는 것으로 삶과 죽음 사이의 유예 상태에서 살아가는 사람에게 흔적을 남기는 것'[31]이다. 인물은 국가폭력의 죽음 앞에서 분노와 슬픔으로 제정신이 아닌 상태로 되고, 국가의 억압으로 인해서 더욱 육체적, 정신적으로 혼란의 상태에 빠진다.

〈비념〉은 트라우마와 기억에 나타나는 애도의 부재에 주목한다. 오랫동안 지속된 무고한 비난, 진상규명의 부재, 애도의 부재는 사망자와 가족에게 트라우마로 작용한다. 전작 다큐멘터리영화 2편에서 강정희가 제주4 · 3사건과 무관하다며 침묵하는 것은 역사적 트라우마의 이해 불가능한 병리적 현상을 나타낸다. 트라우마는 두려움, 무력감, 공포 등 심각한 심리적 충격이라면, 역사적 트라우마는 환청, 결벽증, 기피증 등 사회의 이해 불가능한 병리적 현상이면서 끝없는 자기학대, 피해의식 등 타인의 공격에 대한 방어기제이다. 역사적 트라우마는 '상해와 죽음으로 인한 두려움, 무력감, 공포를 유발하는 트라우마에서 더 나아가 집단 외상 후 스트레스 장애로 이해 불가능한 현상으로 극단화되고, 공격에 대한 방어기제의 실패로 환청, 결벽증,

---

31 Judith Butler, 앞의 책, 68쪽.

기피증이 생겨나게 한다.'[32] 국가적 트라우마는 폭력의 주체가 특정 인물이 아니라 국가이기 때문에 명확한 이유와 사건은 있지만 명확한 대상이 없어서 처벌, 복수, 원망이 불가능하다는 점에서 더 심각하다. 단재 신채호는 '영토를 잃은 민족은 재생할 수 있어도 역사를 잃은 민족은 재생할 수 없다.'라고 강조했다. 이 영화는 역사의 언급에 대한 금지와 애도의 부재 문제를 국가폭력의 문제와 연결하며, 국가의 억압으로 인한 침묵과 왜곡에 대항하는 기억 투쟁을 보여준다. 인물의 사적 기억은 기억이 말하는 사실과 기억이 왜곡하는 신체를 함께 논의하면서, 공적 기록이 정확하고 사적 기억이 부정확하다는 기존 전제에 문제를 제기한다. 사적 기억은 공적 기록의 공백을 채우고 왜곡된 부분을 바로잡으며, 공적 기록의 단선적인 사실을 비판하며 사적 기억의 다층적 재구성을 보여준다.

폭력: 국가폭력의 잔혹성과 애니메이션 재현의 명암 대비

〈수프와 이데올로기〉는 제주4 · 3사건에서 관덕정 양민학살, 무장대 지원, 약혼자의 죽음, 오사카로의 밀항 사건을 통해서 국가폭력의 잔혹성과 죽음의 참혹함을 표현함으로써 '폭력'의 문제를 제기한다. 국가는 계엄령을 선포한 뒤 관덕정 시위 참가자를 공개적으로 총살하고, 무장대를 검거하는 과정에서 무고한 양민들까지 무차별적으로 총살하며, 대규모 학살을 자행하는 잔혹성을 드러낸다. 이러한 국가

---

32 김병록, 앞의 논문, 114-117쪽.

폭력의 상황 속에서 강정희는 병원에서 받은 가솔린을 몰래 운반하며 무장대를 지원하는 등 위험을 감수한 용기를 보여준다.

강정희의 큰외삼촌은 세 아들의 시신을 보고 격렬한 분노를 표출하다가 군경에게 총 개머리판으로 뒤통수를 가격당해 두 눈이 튀어나오는 잔혹한 죽음을 맞이한다. 강정희의 약혼자는 의사로서 무장대를 돕기 위해 죽음을 각오하고 입산하여 결국 사망한다.

[사진16] 〈수프와 이데올로기〉 강정희가 제주를 설명하는 장면(1열),
제주 바다를 바라보는 장면(2열), 제주의 불탄 집터 옆을 지나가는 장면(3열),
제주4·3사건 희생자 위령제에 참가하는 장면(4열) ⓒ 네이버 포토 강정희는 친지와 약혼자의 연이은 죽음으로 보복에 대한 공포를 느끼고, 18세의 나이로 어린 동생들을 데리고 산책을 가장해 30km를 걸은 끝에 일본으로 밀항한다. 이 영화는 공적 역사 속 양민 학살과 사적 기억 속 죽음의 서사를 병치시키며, 국가폭력이 초래한 슬픔과 트라우마를 구체적으로 드러낸다. 이를 통해 단순한 피해자의 증언을 넘어, 기억과 애도, 생존의 윤리적 긴장을 날카롭게 드러내는 고발의 시선이 형성된다.

〈수프와 이데올로기〉에서 다가가는 카메라와 숏 크기의 변화는 기억과 망각, 고통과 상실, 슬픔과 망각을 표현하고, 국가폭력으로 인한 트라우마로 '폭력'을 표현한다(사진16). 공통으로 나타나는 스타일적 특징은 다가가는 카메라와 숏 크기의 변화이며, 바스트숏과 클로즈업을 통한 감정이입과 감정 표현이다. 강정희가 양영희에게 제주를 설명하는 장면은 미디엄숏에서 클로즈업으로 다가가는 카메라를 통해 제주에 대한 회한을 표현한다. 강정희가 제주 바다를 바라보는 장면은 미디엄숏에서 바스트숏으로 다가가는 카메라를 통해 기념관에서 수많은 죽음을 직면한 후의 충격, 끔찍한 과거를 기억하고 싶지 않은 기억, 알츠하이머로 기억을 잃어가는 상실을 표현한다. 강정희가 제주의 불탄 집터 옆을 지나가는 장면은 니숏에서 바스트숏으로 다가가는 카메라를 통해 70년 전 양민 학살의 잔혹함, 빌망을 위해 걷던 강인함, 피로 물든 개천과 길가에 쌓인 시체에 대한 공포, 과거를 잊어가는 망각을 표현한다. 강정희가 제주4·3사건 위령제에 참석하는 장면은 바스트숏에서 클로즈업으로 다가가는 카메라를 통해 친지와 약혼자의 죽음, 약혼자 묘비에 대한 안타까움을 표현한다.

제주4·3사건에 대한 인물의 과거 회상을 애니메이션으로 보여주는 장면은 죽음의 공포를 표현하고, 빛과 어두움의 대비를 통해 국가폭력의 양민 학살과 이데올로기 대립을 표현한다. 주인공이 동생들을 끌고 피신하고 밀항하는 장면에서 애니메이션은 제주 자연의 풍광을 시체와 죽음으로 뒤덮인 국가폭력 학살의 현장으로 강렬하게 표현한다. 뒷모습과 롱숏, 트래킹숏과 익스트림 롱숏, 미디엄숏과 롱숏 등 거리두기의 시선은 국가폭력으로 인한 두려움과 공포를 표현한다.

〈수프와 이데올로기〉에서 폭력 문제는 비실재화에서 애도로의 변화와 연관된다. 대량 학살은 실제로 당하지 않았더라도 폭력을 목격하는 사건만으로도 두려움, 공포로 인한 트라우마의 피해자가 될 수 있게 만들어 육체의 취약성으로 이어진다. 대량 학살과 무차별 살인 앞에서 인간의 생명이 얼마나 쉽게 무효화되는지, 폭력으로 인해 삶이 얼마나 쉽게 위태로워지는지를 보여준다. 두 영화에서 목소리를 잃은 채로 살아가는 피해자들은 뿌리가 뽑힌 삶, 애도 가능성이 무기한 연기된 삶을 나타낸다. 무고한 양민을 폭력집단으로 간주하여 국가폭력을 행사함으로써 그들의 정체성을 부인하는 과정을 거친다는 점에서 비실재화가 나타난다. 사망자는 육체가 존재하지 않는 상태이고 무고한 죽음을 인정받지 못하고 매장도 금지당한 채 버려진 시신으로 존재한다는 점에서 탈실재화가 일어난다.

기억을 왜곡하는 현실은 국가폭력의 2차 가해를 비판한다. 국가폭력의 억압적 상황은 애도의 금지를 통해서 인간으로 인정받기, 삶을 살아가기, 애도할 만한 삶이 되기 등을 할 수 없게 만든다. 현재 인물이 과거 대량 학살의 기억으로 여전히 혼란을 겪는 모습은, 인간이 얼마나 취약한 존재인지를 보여준다. 희생자는 외부의 폭력적 사건에 의해 깊은 상처를 입고, 그로 인해 자신의 감정과 삶을 온전히 예측하거나 통제할 수 없는 상태에 놓인다. 애도는 이러한 혼동, 방향 감각의 혼란, 슬픔의 상실을 인정하고 받아들이는 힘을 부여한다. 애도가 "정치의 목적이라는 말이 아니라 애도하는 능력이 없다면 폭력에 맞서기 위해 필요한 삶에 대한 그 이해를 잃게 된다는 말이다."[33] 공적 애도는 국가폭력이 인정하지 않는 죽음으로 스러져간 사람들에 대한 인정을 의미하며, 공적 애도 금지에 도전함으로써 국가폭력의 잔혹성과 은폐를 드러낸다.

〈수프와 이데올로기〉에서 폭력은 가해의 경험과 그것을 기록하고 재현하는 방식과 밀접하게 연관된다. 이 영화의 서사는 일본의 어머니와 딸(전반부), 북한의 세 아들과 손주들(중반부), 남한의 제주4·3사건 희생자들(후반부)로 인물과 공간이 점차 확대된다. 이러한 서사는 일상과 가족의 기억에서 시작해 제주4·3사건과 남북한의 분단 현실로 확장된다. 인물의 치매와 애니메이션 삽입은 기억의 단편성, 망각, 왜곡을 통해 기억 투쟁을 암시한다. 인물은 제주4·3사건이라는 대량 학살이라는 1차 가해와 보복이라는 2차 가해로 인한 고통을 표현한다. 과거의 애니메이션 재현은 공적 기록의 은폐, 누락, 왜곡 문제를 제기하고, 인물의 과거를 단순히 기록하는 차원을 넘어 인물의 기억과 감정을 함께 다룬다. 이 영화는 뉴스 등 공적 기록으로 사실을 전달하지 않으며, 영상을 재구성하는 재연으로 공적 기록과 다른 사적 기억의 정동을 표현한다. 이 영화는 사적 기억을 통해

---

33 Judith Butler, 앞의 책, 18쪽.

공적 역사를 재현, 회귀, 재구성하면서 핵심 이슈를 제기하고, 인물의 충격과 상처를 통해 인식과 기억, 진실에 대한 존중을 나타낸다.

〈수프와 이데올로기〉에서 명암과 비밀은 폭력과 트라우마를 표현한다. 희생자의 시선은 기억에서 망각으로 넘어가는 역사의 현장, 애도의 부재를 표현한다. 이 영화는 현재와 과거를 다큐멘터리와 애니메이션으로 각각 그려나가고, 빛과 어둠의 대비를 통해 죽음과 공포, 기억/망각의 대비를 보여주며 학살로 인한 트라우마와 애도의 부재를 표현한다. 강정희가 치매로 의식/무의식의 경계를 보여주고, 뒤늦게 제주4·3사건의 희생자라는 비밀을 밝힌다. 강정희가 현재의 제주를 바라보면서 과거의 제주를 회상하는 장면은 기억/망각/오인의 경계와 의식/무의식의 경계를 보여준다. 영화를 통해 이야기를 재구성하고 기억을 소환하고 인터뷰를 통해 기억을 경험의 일부로 만드는 것은 트라우마의 치유과정이 된다.

4) 이념의 괴물과 국가폭력의 광기

제주4·3사건 다큐멘터리영화인 〈비념〉, 〈수프와 이데올로기〉는 이념의 괴물과 국가폭력의 광기를 보여준다. 〈비념〉은 죽음, 폭력, 애도의 문제를 중심으로 집단학살의 비극적 공간과 과거/현재의 대비를 나타낸다. 이 영화는 무장대 가족의 억울한 죽음, 집단학살로 인한 복수의 확산, 공권력의 억압으로 인한 애도 부재를 분절된 영상의 교차편집, 리버스 화면의 염원, 망자의 시선을 통한 애도를 통해 재현한다. 〈수프와 이데올로기〉는 민족, 이념, 폭력의 문제를 중심으로 집단학살의 트라우마와 다가가는 카메라를 보여준다. 이 영화는 삼계탕을 통한 한국인/일본인 소통, 45년의 북송사업의 회한, 국가폭력의 잔혹성을 경계 없는 존재, 기억/망각의 간극, 애니메이션 재현의 명암 대비를 통해 재현한다.

폭력과 애도의 문제를 중심으로 살펴본 주디스 버틀러는 삶의 취약성과 애도의 부재를 통해 인간과 주체의 새로운 정의, 비폭력적 윤리의 가능성을 제기하고, 폭력으로 인한 비인간화, 비실재화, 탈실재화, 탈인간화의 양상을 통해 상실의 불가사의한 차원과 애도 가능성의 차등적 배분을 드러낸다. 〈비념〉, 〈수프와 이데올로기〉는 사물의 은유와 독특한 형식적 기법을 보여주고 사적 기억의 역사와 진실된 카메라의 위력을 보여줌으로써 국가폭력과 애도의 부재를 여실하게 드러낸다. 제주4·3사건 다큐멘터리영화에 나타나는 국가폭력 연구는 폭력의 일상성, 정치성, 희생성, 존재성의 문제를 드러낸다.

이 글은 기억, 침묵, 망각에 나타나는 애도의 문제가 표현되는 방식, 국가권력에 의한 민간인 대량 학살이라는 점에서 국가폭력의 문제, 다큐멘터리영화에 대한 상대적으로 적은 연구에 주목한다. 이념의 괴물은 국가폭력의 참혹성과 죽음의 잔혹성으로 피해자들을 슬픔의 상심과 트라우마 상태로 몰아넣는다. 필자는 기억의 문제를 제기하는 것에서 더 나아가 기억의 복원, 회피의 미학, 기억의 통제가 대비적 표현으로 나타나는 방식을 고찰하였다. 제주4·3사건은 현대사에서 전쟁을 제외하고 최대 인명피해의 비극, 국가권력의 민간인 대량 학살, 많은 영화 편수와 상대적으로 적은 논의 등에서 지속적인 관심이 필요하다.

| 참고문헌 |

[저서]

제주43평화재단, 『제주4 · 3사건 진상조사보고서』, 2017.

제주43평화재단, 『제주4 · 3사건 추가 진상조사보고서』, 2020.

Judith Butler, Precarious Life, 2018, 주디스 버틀러, 윤조원(역), 『위태로운 삶: 애도의 힘과 폭력』, 필로소픽, 2021.

Slavoj Žižek, Violence: Six Sideways Reflections, 2008, 슬라보예 지젝, 『폭력이란 무엇인가 - 폭력에 대한 6가지 삐딱한 성찰』, 정일권 · 김희진 · 이현우(역), 난장이, 2011.

Giorgio Agamben, Homo Sacer: Il potere sovrano e la nuda vita, 1995, 조르조 아감벤, 『호모 사케르 - 주권 권력과 벌거벗은 생명』, 박진우(역), 새물결, 2008.

René Girard, La Violence et le Sacre, 1972, 르네 지라르, 『폭력과 성스러움』, 박무호 · 김진식(역), 민음사, 2000.

Maurice Merleau-Pont, Humanisme et Terreur, 1947, 모리스 메를로퐁티, 『휴머니즘과 폭력 - 공산주의 문제에 대한 에세이』, 박현모 · 유영산 · 이병택(역), 문학과지성사, 2004.

[논문]

김계자, 「4 · 3의 기억과 재일 가족사의 복원 - 양영희 감독의 다큐멘터리를 중심으로 -」, 『일본학』 57권, 동국대학교 일본학연구소, 2022.

김병록, 「제주4 · 3사건과 인권: 여성 인권의 보장을 중심으로」, 『이화젠더법학』 16권 1호, 이화여자대학교 젠더법학연구소, 2024.

김소연, 「집단 트라우마의 사회적 애도 치유를 위한 영화적 접근 - 〈지슬〉과 〈비념〉의 분석을 중심으로」, 『한국예술연구』 38권, 한국예술종합학교 한국예술연구소, 2022.

김태훈, 「〈비념〉의 영화적 기법 연구」, 『미디어와 공연예술연구』 10권 2호, 청운대학교 방송예술연구소, 2015.

신은실, 「4 · 3의 기억과 인식, 재현 - 〈비념〉」, 『독립영화』 43권, 한국독립영화협회, 2013.

양영수, 「제주4·3사건에 대한 아나키즘적 해석」, 『제주도연구』 45권, 제주학회, 2016.

이재승, 「『제주4·3사건 진상조사보고서』에 대한 평가」, 『민주법학』 25호, 민주주의법학연구회, 2004.

[영화]

〈비념〉(임흥순, 2012)

〈수프와 이데올로기〉(양영희, 2021)

[인터넷 자료]

「〈비념〉 연출의도」, 《서울독립영화제》, 2025년 7월 1일 검색. https://siff.kr/films/%EB%B9%84%EB%85%90/

《KMDb》, 한국영상자료원, 2025년 7월 1일 검색. https://www.koreafilm.or.kr/main

| 원문 출처 |

서곡숙, 「제주4·3사건 다큐멘터리영화에 나타나는 국가폭력의 재현: 〈비념〉, 〈수프와 이데올로기〉를 중심으로」, 『아시아영화연구』 18권 2호, 2025년 7월 31일.

5장
자연, 괴물, 그리고 도시
: 복잡성이 만든 괴물, <더 펭귄>

| 이현재 |

1) 합의하기 어렵고, 활용은 더 어려운 공리로서 기준

괴물이란 본래 자연의 일부이지만, 인간이 정립한 '자연의 질서'에서 벗어나는 예외적 존재를 지칭하는 개념에 가깝다. 문명은 고대부터 자연을 이해하고 질서를 부여하기 위해 논리학의 '공리(Axiom)'나 수학의 '공준(Postulate)'과 같은 기준을 세워왔다. 이러한 공리는 사회적 합의를 통해 만들어진 추상적인 기준이지만, 기준은 세우기도 어렵고 모두에게 동일하게 적용하기는 더 어렵기 마련이다. 그럼에도 문명은 이 기준에서 벗어나는 존재를 쉽게 타자로 규정해왔다. 나아가 타자가 문명에 결과론적으로 기여한 바에 따라 좋은 결과일 경우 '신'으로, 나쁜 결과일 경우 '괴물'로 규정해왔다.

고대 이집트의 '왕실 큐빗(Royal Qubit)'은 문명이 발명해 온 공리의 좋은 예다. 나일강의 주기적인 범람은 토지의 경계를 계속해서 무

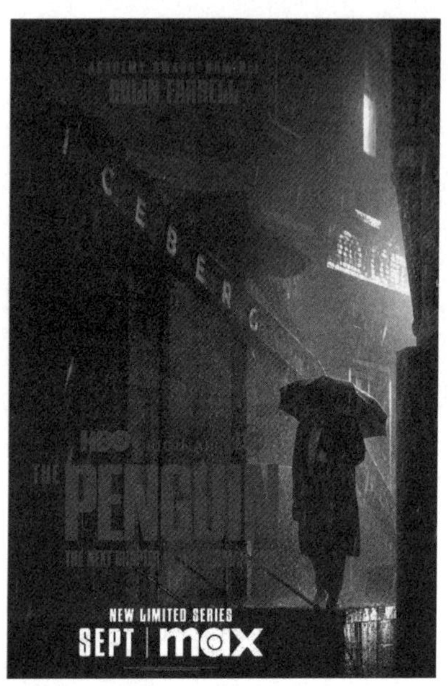

〈더 펭귄〉 포스터 ⓒHBO Max (출처: The Movie Data Base)

너뜨렸고, 이는 재산 분배의 혼란을 야기했다. 이 문제를 해결하기 위해 이집트 문명은 변치 않는 측량의 기준이 필요했다. '큐빗'은 본래 성인 남성의 팔 길이를 기준으로, 단위가 개인마다 다르기 때문에 보편적인 단위가 될 수 없었다. 이에 이집트 사회는 왕실의 권위를 헤게모니 삼아 파라오의 신체를 기준으로 만들었으며, 그의 권위를 더한 '왕실 큐빗'을 국가 공인 단위로 삼았다.

단위 보증에 권위를 끌어들인 데에도 나름의 이유가 있었다. 단위가 이집트의 모든 토지에 적용될 만큼 공적인 권위를 획득하기 위해서는 왕실이 모든 토지에 적용되는 그럴싸한 해결법 혹은 서비스를 백성에게 제공하고 있어야만 했다. 그것은 안정성이라는 거대한 개

넘을 사회에 보장하기 위해 일관된 기준을 사회에 제공해야 하고, 이를 위해서는 기준으로 환원되는 대상을 최소화해야 한다. 이는 안정을 보장할 수 없는 요소는 질서 밖으로 소거하는 방식으로, 소거의 궁극적 목적은 재난을 예방하여 재난이 없을 것이라는 약속을 내거는 것이다.

여기에는 중요한 아이러니가 똬리를 틀고 있다. 애초에 재난은 질서 밖으로부터 오는 것이므로 질서 안에서는 재난을 관찰할 수도, 예측할 수도 없다. 따라서 안정을 보장하기 위해서는 사전에 안정을 보장할 수 없는 질서 밖의 요소를 소거해야 하나, 질서는 늘 재난을 일으키는 자연의 범주보다 클 수 없다. 실재 세계에서 자연을 소거할 수는 없으니, 재난이 닥치는 것과 무관하게 무슨 수를 써서라도 불안을 내재적으로 소화해야 한다.

이는 문명은 재난을 예방할 수 있다는 약속을 내걸고 그것을 어떻게 실행하느냐를 고민하나, 재난이 닥치는 것을 막을 수 없기에 재난에 어떻게 의미를 부여할지 고민하는 과정으로 약속을 대체하게 만

〈악티움 해전〉 (Laureys a Castro, 1672) ⓒWikipedia

인 사례라고 할 수 있다. 역사에서 클레오파트라는 미인계를 동원한 정치적 도박이 실패하여 이집트를 멸망으로 이끈 파라오라고 알려져 있으나, 이는 역사의 단면일 뿐이다. 클레오파트라가 즉위하기 훨씬 이전부터 이집트는 이미 몰락의 길을 걷고 있었다. 나일강의 수원을 이루는 에티오피아 고원의 화산활동이 기후를 변화시켜 극심한 가뭄을 초래했고, 나일강의 범람이 만든 삼각주에 국가적 생산력을 전적으로 의존하던 이집트 문명에 가뭄이란 국가의 존립을 위협하는 재앙이었다.

물론, 당시의 이집트 문명의 과학 수준으로는 가뭄의 원인을 밝혀내거나 해결할 수 없었다. 천문학에 기반한 이집트의 지식체계는 지질 활동으로 인한 기후 변화 앞에서 무의미했다. 국가가 할 수 있는 최선은 막대한 재물을 바쳐 기우제를 지내는 것뿐이었고, 이는 국고 탕진으로 이어져 민심을 악화시킬 뿐이었다. 이집트 사회는 재난으로 인한 내부의 불안과 공포를 감당하지 못하고 있었고, 파라오의 권위는 이미 무너져 '왕실 큐빗'과 같은 공리들이 제 기능을 상실한 상태였다. 총체적 난국 속에서 클레오파트라가 파라오로서 할 수 있는 선택은 극히 제한적이었으며, 이는 '괴물'을 만들기에 완벽한 조건이기도 했다.

클레오파트라가 미인계를 통해 로마의 힘을 빌려 국가의 명운을 건 정치적 도박은, 당시 상황에서 취할 수 있는 가장 합리적인 판단 중 하나였다. 하지만 정치가 이집트 백성의 당장 아사하고 있는 이집트 백성을 먹여주진 않았다. 더욱이 악티움 해전에서의 패배와 같은 클레오파트라의 극적인 실패는, 붕괴하는 사회의 모든 불안과 책임을 떠넘기기에 더없이 좋은 소재였다. 그렇게 클레오파트라는 나라를 팔아먹으려다 실패한 '괴물'로 역사에 기록되며, 무너진 질서가 만들어낸 상징적인 존재로 완성될 수 있었다.

2) 〈더 펭귄〉, 괴물과 과잉을 양성하는 매커니즘

앞서 살펴본 고대 이집트 문명과 클레오파트라의 예시는 사회가 어떻게 괴물을 생산하고, 역사는 괴물을 어떻게 처분하여 의미로 삼는지 드러낸다. 그리고 기준을 세우고 정상 안에 있는 것이 얼마나 예외적인 일인지, 그리고 기준을 보증하는 권위와 가까운 인물이 괴물이 되는 건이 얼마나 쉬운 일인지 보여준다. 미국 보스턴 칼리지

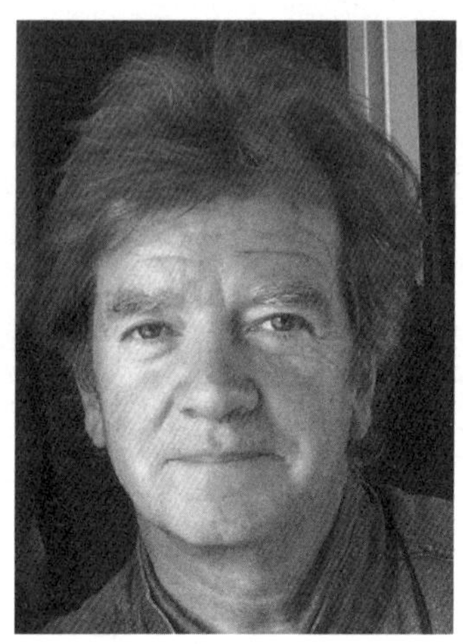

리처드 커니 ©richardmkearney.com

철학과 석좌교수인 리처드 카니(Richard Kearney)는 『이방인, 신, 괴물: 이방인과 희생양』에서 괴물을 금기와 질서의 한계를 폭로하고 윤리적인 식별을 요구하는, 이질적이며 혼종성을 드러내는 존재라고 정의한다. 리처드 커니가 정의한 괴물의 바탕에는 인간이 내재하고 있는 불안이 똬리를 틀고 있는데, 이를 바탕으로 리처드 커니는 괴물이 "수용 불가능한 과잉"(Uncontainable Excess)으로 행동하는 존재라고 지적한다.

리처드 커니가 지적하는 "수용 불가능한 과잉"에서 우리가 주목해야 하는 것은 '과잉'이 아니라 '수용 불가능한' 상태다. 수용 불가능한 상태는 크게 두 가지 상황을 가정할 수 있다. 하나는 인물 자체가 기준이 수용할 수 없는 행위를 하는 것이다. 대중이 괴물로 인식하는 인물로, 유영철과 같은 연쇄 살인자 혹은 제이슨이나 마이클 마이어스 같은 슬래셔 장르의 주인공들을 생각해 볼 수 있다. 단, 기준이 수용할 수 없는 행위는 비단 인간에게만 해당하는 것이 아니라는 점도 유의할 필요가 있다. 가령, 서양 신화에서 마을을 습격하는 드래곤이나 동양에서 인간을 사냥하는 들짐승들도 종종 괴물로 묘사되곤 한다. 이를 리처드 커니가 지적하는 방식대로 해석하면, 우리가 인간종(種)에 해당하며 인간의 관점과 언어 안에서 인간은 안전을 보장받아야 한다는 인식의 한계를 드러낸 사례에 해당한다. 바꿔 말하면, 자연의 관점에서는 인간이 사냥당하는 상황이 수용 불가능한 상황은 아닐 수 있다. 그렇다고 인간이 자연일 수는 없기에 인간의 한계는 괴물을 양성할 수밖에 없다.

이를 바탕으로 우리는 인간의 한계성으로 인해 형성된 괴물을 상상해 볼 수 있다. 그리고 이 상상을 통해 클레오파트라의 사례를 바라본다면, 자연은 우리가 감히 수용할 수 있는 복잡성이 아니라는 점 또한 어렵지 않게 알 수 있다. 즉, 스스로 그러한 것은 종종 우리에게 괴물과 같은 형태로 드러나기도 한다. 여기에는 비단 인물이 스스로 그러한 욕망을 가지게 된 것 이외에도 인간이 만들어낸 창조물이나 환경도 포함된다. HBO의 작품은 꾸준히 그 복잡성을 그려왔다. 오늘날 HBO의 브랜드를 만든 〈소프라노스(The Sopranos)〉(David Chase, 1999~2007)나 〈더 와이어(The Wire)〉(David Simon, 2002~2008) 같은 타이틀들이 인간이 만들어낸 환경이 어떻게 인간에게 괴물처럼 작동하고, 또 인간을 괴물로 분류하게 만드는지 그려낸 작품들이라고 할 수 있다. 최근 맷 리브스의 손을 거쳐 (또다시 한번 더) 리부트된 〈더 배트맨(The Batman)〉(Matt Reeves, 2022)의 시퀄로 평단과 대중의 호평을 받은 HBO Max의 오리지널 시리즈 〈

〈더 펭귄〉 속의 고담 ©The Penguin(HBO Max Official Teaser 2)

더 펭귄〉이 공들여 묘사하는 것은 갱스터들의 지하경제인 마약 산업이 작동하는 방식, 그리고 지하경제에 머물러야 할 마약 산업이 어떻게 지하를 넘어 사회의 기능으로서 인준받게 되는지에 대한 권력의 이동 과정이다. 그리고 그 중심에는 행위자들의 의도를 왜곡하고 굴절시키는, 도시가 낳은 복잡성이 있다. 〈더 펭귄〉의 안타고니스트이자 '펭귄'이라는 별명으로 멸시받는 주인공 '오즈 콥'(콜린 파월)의 대적자로 등장하는 '소피아 팔코네'(크리스틴 밀리오티)는 본래 '카르미네 팔코네'(마크 스트롱)가 자신이 일군 산업을 양지로 내보내기 위해 선택되고 훈련된 인물이었으며, 동시에 카르미네의 어두운 입적을 세탁할 인물이었다. 그리고 실질적으로 팔코네 가문의 유산을 정상적인 사업으로 끌어올릴 희망적인 인물이기도 했다.

소피아는 카르미네의 선택을 받을 만큼 뛰어난 정치 수완과 정무적 감각들을 갖춘 인물이었다. 그러나 카르미네의 입장에서 소피아를 선택한 중핵 요인은, 소피아가 마약의 핵심 유통처였던 클럽과 가장 거리가 먼 인물이었기 때문이다. 이를 바탕으로 카르미네는 팔코네 가문을 웨인 가문처럼 정상 사업을 꾸려나가는 유력가로 탈바꿈하고 싶어 했다. 게다가 팔코네 가문의 임원들조차 (그 의도가 무엇이었든) 소피아가 어떤 방식으로든 정상적인 양지에서 생활할 수 있길 염원했던 것처럼 시사된다. 그러나 소피아가 궁금증을 참지 못하고 카르미네의 어두운 과거를 캐내어 아캄 정신병원에 갇혀있던 점, 그리고 카르미네가 〈더 배트맨〉에서 리들러에 의해 살해되며 팔코네 가문이 구심점을 잃은 점, '오즈 콥'이 소피아의 대체자로 낙점되었던 '알베르토 팔코네'(마이클 지겐)의 조롱을 견디지 못해 우발적으로 그를 살해한 상황은 인물들을 복잡성 안으로 욱여넣기 시작한다. 이처럼 〈더 펭귄〉은 대담하게도 복잡하고 난해한 인물관계를 서사의 전제로 삼는다.

3) 괴물 이외의 개인을 허용하지 않는 도시의 복잡성

〈더 펭귄〉의 인물들은 하나같이 한 개인이 감당하기 어려운 복잡한 환경에 놓여있다. 앞서 언급한 소피아의 경우는 말할 것도 없거니와, 주인공 '오즈 콥'과 주변 환경 역시 모두 복잡할 수밖에 없는 환경 아래서 자신의 프로필을 키워왔다는 특징이 있다. 오즈 콥의 어머니는 가난을 극복하기 위해 마약과 매춘 산업을 관리해 왔으며, 가정을 안정시키기 위해 정작 가정에는 집중할 수 없는 환경에 놓여있었다. 그 결과, 오즈 콥이 인정에 대해 선천적으로 집착하고 있다는 점을 어느 정도 인지하고 있었음에도 그 심각성을 알지 못했다. 그 결

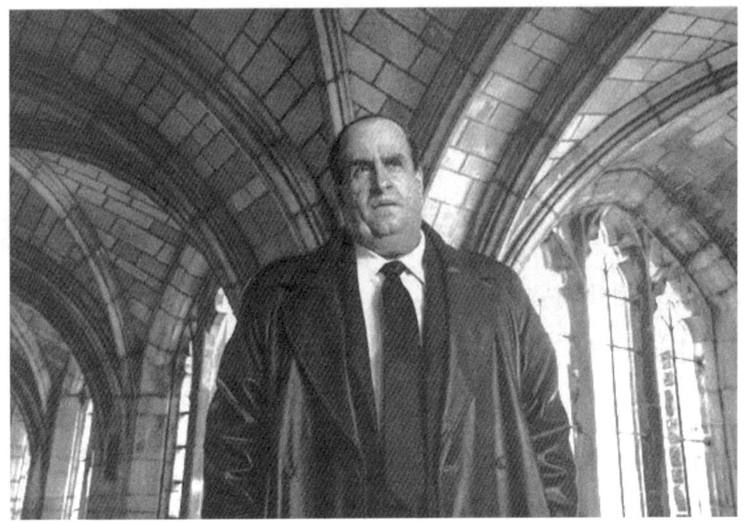

〈더 펭귄〉의 오즈 콥 ©The Penguin(HBO Official Stills)

과, 오즈 콥이 어머니를 독점하기 벌인 계략을 막을 수 없었으며, 나아가 오즈 콥을 '펭귄'이라는 괴물로 양성하는 데 일조한 결과를 낳는다. 그리고 그 결과를 낳기까지의 과정을 모두 지켜보고 있었음에도 묵인할 수밖에 없었던 가장 근본적인 이유는, 그녀가 고담이라는 복삽한 도회적 환경에 방치되어 있었기 때문이다.

그리고 오즈 콥의 어머니가 스스로를 희생해서 만든 안정적인 환경 아래서 자신의 욕망을 말 그대로 아름답고 웅장하게 가꾼 오즈 콥이 할 수 있는 최대한의 합리적인 노력이란 뒷세계의 수하가 되어, 팔코네 가문의 유력자들이 던져주는 관심을 동물원에 갇힌 펭귄처럼 주워 먹는 것이었다. 오즈 콥은 그러한 싸구려 관심으로 자신이 무력무력 키워온 인정과 안정을 향한 강박을 해결할 수 없었고, 온갖 수

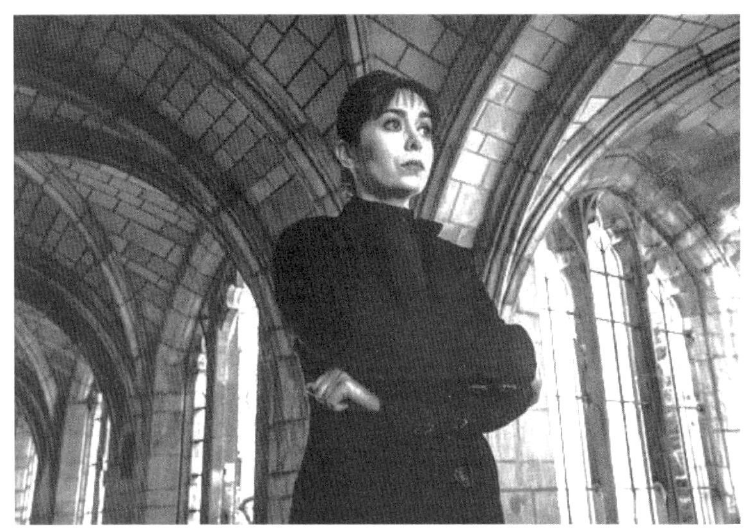

<더 펭귄>의 소피아 ©The Penguin(HBO Official Stills)

모와 범법을 거쳐 가며 기어코 고담 뒷세계의 정점에 오른다. 그리고 그 과정을 위해 오즈 콥은 자신을 믿는, 혹은 믿었던 수많은 사람들을 배신하고 그들을 위험에 몰아넣는다. 그렇게 오른 정점에서 오즈 콥이 만족스럽게 하는 일이란 그를 안타까워하는 매춘부에게 돈을 주며 "나는 너가 자랑스럽다"라고 반복하게 만드는 일이며, 그는 그 보잘것없는 그 안정을 위해 자신의 일생과 고담 전체를 갈아 넣는다.

이 모든 서사의 원인이 되는 카르미네 역시 마찬가지다. 남부럽지 않은 삶을 살고 싶었고, 타인보다 유리한 고지에 서고 싶었던 욕망을 가진 개인이자 이민자로서 카르미네가 선택할 수 있었던 길은 도회적인 복잡성을 복잡하게 이용하여 지하경제의 일인자가 되는 것이었다. 그리고 그 욕망을 다른 길로 제시할 수 없었던 고담시의 바탕에는 웨인가가 엮여 있다. 그리고 그 웨인가의 원죄는 시민들의 공적인 욕망을 해소하기 위해 정치와 각종 행정이 낳은 복잡성을 관통하며 일을 복잡하게 만드는 것이며, 그 바탕에는 '나에게 허락된 편리한 삶'을 구하기 위해 자신이 정직하다고 믿는 단순한 땀으로 고담시의 토대를 만든 시민들이 있다. 그 정직한 땀으로 만든 도시는 결과적으로 개인이 감당할 수 없는 복잡성을 만들었으며, 그 복잡성이 과잉의 폭력을 낳는 고담을 만든 것이다.

이는 서울이라고 해서 그리 달라 보이진 않는다. 그리고 그 도회적인 복잡함의 땅 위에서 나는 지난해 겨울, 내 상상력으로 예측할 수 없었던 결과와 그 여파를 경험했다. 30번이 넘는 탄핵 시도는 무엇을 위한 땀이었나. 미쳐서는 안 되는 자리에 있는 사람은 어떻게 미치게 되었나. 그리고 그 비상식적인 결론과 결과에도 불구하고 수많은 인물이 내전에 가까운 사태를 용인하게 만든 원인은 어디에 있었나. 나아가 미국의 트럼프가 외치는 각자도생의 글로벌 논리는 어떻게 미국인의 지지를 받았으며, 러시아 내부에서조차 합의되지 않았던 러우전쟁은 어떻게 여전히 실행되고 있나. 그 전쟁은 어떻게 일부의 지지를 받고 있는가. 어떤 힘이 모두가 자신만이 민주주의라고 외치는 리바이이던으로 한 국가를 이끌었나. 그리고 한 가지 질문이 남는다. 도시와 그 복잡성은 우리가 감당할 수 있는 환경인가?

제3부

경계의 가장자리에서

6장 욕망과 억압 사이, 비체(Abject)적 괴물의 탄생
: 〈서브스턴스〉, 〈가여운 것들〉

_ 김희경

7장 돌봄, 괴물로부터 스스로를 지키는 힘, 〈메모리〉

_ 이승희

8장 〈조커〉 좋아하세요?
: 괴물들의 작품을 보고 괴물이 되지 않기

_ 김현승

6장
욕망과 억압 사이, 비체(Abject)적 괴물의 탄생
: <서브스턴스>, <가여운 것들>

| 김희경 |

인간의 괴물성이 형성되고 증폭되는 것엔 다양한 요인이 작용한다. 먼저 은밀하면서도 복잡다단하여 깊이조차 가늠할 수 없는 내적 욕망이 존재한다. 그리고 그 욕망에 각종 잣대를 들이대고 폐기하려는 사회적 억압이 결합하여 발현된다. 이같이 욕망과 억압 사이에서 한껏 비틀리고 왜곡되는 괴물성. 그래서 이 괴물성이 언제, 어떤 형태로, 얼마나 큰 파급력으로 나타날지는 도무지 예측하기 어렵다.

2024년에 나란히 개봉한 두 영화는 누구도 쉽게 생각하기 어려운 형태와 힘을 가진 인간의 괴물성을 그려 큰 파장을 불러일으켰다. 코랄리 파르쟈 감독의 <서브스턴스>(THE SUBSTANCE), 요르고스 란티모스 감독의 <가여운 것들>(Poor Things)이다. 두 영화에선 괴물보다 더 괴물 같은 상상력이 빚어낸 기이하고 파격적인 괴물이 등장한다. 이 괴물들은 사회적 억압에 노출되어, 각기 다른 방식으로 변형되고 폭주한다. 그 안에서도 두 영화가 탄생시킨 괴물엔 공통점을 발견할 수 있다. 이들은 불가리아 출신의 철학자 줄리아 크리스테바가 말한 '비체(Abject)'적 존재로 등장한다. 또한 영화는 이를 부각하기 위한 다양한 비체적 이미지를 전시하여 괴물성을 극대화한다.

1) 비체적 존재로서의 여성

크리스테바에 따르면 비체는 '주체도 대상도 아닌 내가 무엇인지 인식할 수 없는 어떤 것'이다.[1] 청결과 불결, 적절과 부적절, 질서와 무질서 사이에 위치하여 분명하게 경계 지을 수 없으며, 사이(in-beween)에 있는 중간-존재적인 것, 모호한 것, 혼성적인 것이기도 하다.[2] 크리스테바는 비체의 예로 구강과 관련된 음식물, 항문과 관련된 배설물, 여성의 생식기와 관련된 월경혈을 들기도 한다.[3] 이들은 인간의 생존에 필수적이거나 생리적으로 불가피한 것이지만, 불편한 시선에 끊임없이 노출되는 대상에도 해당한다. 정연이, 김남시(2018)에 따르면 내 안에 있는 똥, 오줌, 침은 불결하지 않지만 내 몸 바깥으로 나올 때 불결해지며, 시리아인들은 시리아에 있지 않고 터키에 진입했을 때 비체가 된다. 이처럼 사회적으로 어떻게 위치하느냐에 따라서 비체는 깨끗한 것이 될 수도, 더러운 것이 될 수 있다.[4]

---

1 Julia Kristeva, Powers of horror: An essay on abjection, trans, Leon S. Roudiez, 1982, p.2

2 Julia Kristeva, 앞의 책(1982), p,4

3 Julia Kristeva, 앞의 책(1982), p,4

4 정연이 김남시, 현대미술에 나타난 애브젝트로서의 여성의 몸: 줄리아 크리스테바의

영화 〈서브스턴스〉의 50대 엘리자베스

비체의 개념은 국내외에서 특히 여성의 몸과 연결되어 많이 적용되어 왔다. 가부장적인 사회에서 출산, 월경 등으로 인해 여성의 몸에서 나오는 각종 분비물은 오염된 것으로 간주되어 왔다. 나아가 어머니의 몸은 아이가 주체가 되기 위한 존재로 여겨져, 아이를 낳고 나면 비체로 취급되곤 했다.

〈서브스턴스〉, 〈가여운 것들〉은 그중에서도 비체적 존재가 된 여성에 대해 집중한다. 그리고 이를 통해 새로운 괴물을 탄생시키고, 상반된 방식으로 괴물의 의미를 조명한다.

〈서브스턴스〉의 오프닝과 클로징은 잘 나가던 여배우 엘리자베스

애브젝트 개념을 중심으로, 현대미술학논문집, 제22권 1호, 2018, p.40

(데미 무어)를 바라보는 대중의 시선의 변화를 함축적으로 보여준다. 할리우드 명예의 거리에 엘리자베스의 이름은 별 모양과 함께 새겨진다. 처음엔 많은 사람들이 그 거리에서 엘리자베스의 이름만 봐도 좋아한다. 하지만 그녀의 스타성이 점차 사라지면서 분위기가 완전히 달라진다. 심지어 그 자리에 햄버거가 떨어져 더러워져도 누구도 신경 쓰지 않는다. 이는 곧 엘리자베스라는 존재 자체가 대중의 관심에서 멀어졌으며, 어떤 일이 발생하여도 외면당하는 위치에 놓였다는 것을 의미한다.

엘리자베스의 스타성, 즉 누군가로부터의 관심이 사라진 것엔 '나이'라는 결정적 요인이 작용한다. 세월의 흐름에 따라 20대 여배우에서 50대 여배우로 바뀌면서, 그녀의 위상은 크게 낮아진다. 나이가 곧 '아름다움'의 지표가 되는 사회에 살아가고 있기 때문이다. 50대가 된 지금은 TV 에어로빅 쇼 진행을 하며 간신히 활동을 이어가고 있지만, 그마저도 잃을 위기에 처한다. 아름다움을 완전히 잃은 퇴물 취급을 받으며.

영화는 이같이 '여배우'라는 아름다움을 표상하는 직업을 통해, 사회에서 여성을 바라보는 시선을 적나라하게 보여준다. 여배우로서 살아남기 위해 갖춰야 할 필수 요건처럼 되어버린 젊음을 상실한 엘리자베스는 결국 기상천외한 선택을 하게 된다. 그녀는 정확한 작용 원리와 정체를 알 수 없는 위험한 약물 '서브스턴스'를 이용해 20대 여성 수(마가렛 퀄리)가 되는 시도를 하게 되고, 카메라는 그 비틀린 시도로 인한 괴물의 탄생을 비춘다.

20대의 수는 50대의 엘리자베스의 골수를 이식받은 존재이다. 두 인물은 다른 모습을 하고 있지만, 하나의 정신으로 연결되어 있다. 그

영화 〈서브스턴스〉의 20대 수

러면서 오히려 충돌을 일으킨다. 새롭게 얻게 된 젊음을 마음껏 만끽하고 싶은 마음과 이를 억제하고 제자리를 지키려는 마음이 뒤섞여 더욱 치열하게 갈등한다.

엘리자베스에 대한 시선, 즉 여성에 대한 시선은 여러 인물들에 의해 다양한 방식으로 그려진다. 엘리자베스를 해고하려는 방송국 대표이자 프로듀서 하비(데니스 퀘이드)는 여성의 나이와 아름다움에 대한 노골적이고 음흉한 시선을 드러낸다. 이 같은 하비의 시선은 여성의 몸을 상품으로만 대하는 미디어, 그리고 그 뒤에서 환호하고 즐기는 대중의 시선을 표상한다.

이 밖에도 영화는 엘리자베스의 앞집에 사는 이웃집 남성, 수와 함께 밤을 보내는 젊은 남성 등을 통해 여성의 몸을 끊임없이 응시하고 탐닉하는 시선을 보여준다. 늘 반짝반짝 생동하고 싶고, 영원히 아름답고 싶은 엘리자베스의 욕망은 이 같은 시선의 억압 속에서 갈수록 증폭된다.

이와 달리 그녀를 향한 정반대의 시선도 존재한다. 엘리자베스의

영화 〈서브스턴스〉에서 전광판을 바라보는 수

뒤틀린 욕망을 잠재워주고, 상처받은 마음을 어루만져 줄 대상이 나타나는 것이다. 길거리에서 우연히 만난 남자 동창은 50대의 그녀 앞에서 기뻐하며 여전히 아름답다고 말한다. 엘리자베스는 처음엔 그와의 대화에 큰 의미를 부여하지 않는다. 하지만 서브스턴스 투약으로 자신과 수의 몸을 오가던 중, 다시 그의 대화를 떠올리며 데이트를 결심한다. 이 순간 엘리자베스가 결심대로 행동했더라면, 아마도 그녀는 파국에 이르지 않았을 것이다. 젊어야만 아름다운 것이 아니며, 그보다 훨씬 중요한 내적 아름다움을 인지할 기회가 될 수 있었기 때문이다. 하지만 엘리자베스는 스스로 이를 인지할 기회도, 동창을 통해 새롭게 인지할 기회조차 모두 놓치게 된다. 거울을 보며 수 없이 옷을 갈아입고 화장을 고쳐보지만, 어떻게 해도 젊음의 미모를 따라가지 못한다는 사실에 좌절하고 만다. 결국 그렇게 표면적 미의 기준에 갇혀 데이트 기회를 스스로 놓아 버린다.

영화에서 엘리자베스가 반복적으로 바라보는 거울과 전광판은 사회적 시선을 여실히 드러낸다. 수로 변한 그녀는 자신의 젊고 아름다운 모습을 담은 전광판을 보며 기뻐한다. 분명 거울과 전광판을 보는 주체는 엘리자베스 또는 수이며, 이들의 행위는 자발적으로 보인다. 여기엔 어떤 강제도 작용하지 않는다. 하지만 자기 모습을 보는 거울 앞에서조차 엘리자베스는 자신의 시선이 아닌 타인의 시선을 장착한 채 서 있다. 이미 사회의 왜곡된 시선으로 자기혐오적 감정에 사로잡혀 있기 때문이다. 엘리자베스는 타인의 시선과 관심을 직접적으로 표상하는 전광판 앞에선 더욱 쉽게 무너진다. 50대 자신의 모습이 전광판에서 사라지는 순간, 20대의 수가 되어 다시 전광판을 가득 채우는 순간을 바라보며 50대 여배우로서의 자존감은 모두 무너져 버리고 만다. 그렇게 엘리자베스는 자기혐오와 비하에 갇힌 괴물로 변해가게 된다.

2) 배출되어 버린 비체적 이미지와 파국

〈서브스턴스〉는 엘리자베스가 괴물이 되이기는 과정에서 비체적 이미지를 과도하게 노출시키고 나열한다. 그런데 이는 단순히 한 개인의 괴물성을 도출하는 작업에 국한되지 않는다. 젊음과 아름다움이라는 그럴싸한 가치와 기준에 여성의 몸을 맞추게 하는 사회적 억압을 과잉적 이미지로 형상화하는 작업이라 할 수 있다.

하비의 관음적 시선과 이를 이용해 큰돈을 벌겠다는 자본주의적 탐욕은 음식물로 표현된다. 하비의 입은 노화하고 있는 엘리자베스를 향해 비난을 쏟아낸다. 그리고 생기가 가득한 수를 향해선 극찬을 하기에 바쁘다. 그런데 이때마다 하비는 음식을 먹고 있다. 음식을 평범하게 먹는 수준이 아니라, 탐욕스럽게 쑤셔 넣는 정도에 이른다. 이 과정에서 음식물은 입가에 잔뜩 묻는다. 음식을 먹으며 뱉어내는 말도 불결하고, 그 입에 들어가다 못해 얼굴 곳곳에 묻어버린 음식물 역시 불결하다. 바깥에 존재해서는 안 되며 타인을 마구 찌르는 왜곡된 시선과 언어적 폭력이 음식물 쓰레기처럼 쏟아져 나온 것을 의미한다. 카메라는 이같이 음식물을 통해 비체적 이미지를 강조하며 괴물의 탄생을 부추기는 사회적 억압과 자본주의적 탐욕을 담는다.

음식물을 활용한 비체적 이미지의 연출은 엘리자베스를 비출 때도 적용된다. 엘리자베스는 약물 서브스턴스를 통해 일주일은 엘리자베스로, 다른 일주일은 수로 살아간다. 그러다 엘리자베스로 돌아오면 엘리자베스는 과도한 양의 식재료를 가져다 요리를 하는가 하면, 그 요리를 멈추지 않고 집어삼킨다. 엘리자베스가 영원한 젊음과 아름다움에 대한 욕망을 키워갈수록 스스로를 집어삼키는 괴물이 되어가는 과정을 음식물로 표현한 것이다.

영화를 보며 관객들이 불편함을 반복적으로 느끼게 되는 또 다른 이유는 인간의 몸 안에 있어야 할 골수, 장기, 뼈가 몸 밖으로 노출되기 때문이다. 이 또한 비체적 요소들에 해당한다. 특히 엘리자베스가 수로 변하기 위해선 반드시 골수가 필요하다. 나아가 일주일이라는 시간 약속을 깨고 수로 지내는 시간을 더 연장하기 위해선 엘리자베스로부터 골수를 더 많이 빼내야만 한다. 커다란 주사로 대량의 골수를 매번 빼낼 때마다, 관객들은 새로운 젊음에 대한 욕망과 빨라질 파멸의 위험을 동시에 느끼게 된다.

그리고 마침내 인체의 장기와 뼈까지 몸 밖으로 나오게 된다. 영화 말미에 엘리자베스와 수는 하나로 합쳐져 흉측한 괴물로 변화하게 된다. 괴물로 변하기 전, 카메라 앞엔 엘리자베스가 아닌 수가 서게 된다. 수는 수많은 카메라와 관객이 있는 무대에 주인공으로 오른다. 카메라는 샅샅이 수의 몸을 훑으며 관음적 시선을 고스란히 담아낸다. 하지만 자신감 있게 무대에 선 수의 모습은 점차 흉측한 괴물로 변해간다. 수라는 사본이 엘리자베스라는 원본을 갈아치우려 했지만, 원본은 사라지지 않고 사본의 몸 바깥으로 표출되어 나타난 것이다. 그 과정에서 엘리자베스이자 수의 장기와 뼈가 튀어나와 몸 밖으로 드러난다.

그리고 비체적 이미지의 정점이라 할 수 있는 피가 마구 흩뿌려진다. 그 피는 마치 거대 분수처럼 그녀의 몸에서 뿜어져 나온다. 스튜디오 사방에 피가 튀어 그 자리에 있던 모든 사람들이 피를 비처럼 맞게 된다. 하비를 포함, 그녀의 아름다운 몸을 가까이서 바라보려 했던 탐욕적이고 관음증적 시선을 가진 관객들 전부 말이다. 이 장면은 〈서브스턴스〉에서 가장 혐오스럽지만 매혹적인 장면이라 할 수 있다. 결국 비체적 이미지를 극대화하여 괴물을 만들어내고, 그 괴물을 통해 미디어와 대중을 대상으로 통쾌한 피칠갑을 이뤄내지 않았는가.

3) 창조적 에너지를 가진 괴물

〈가여운 것들〉은 〈서브스턴스〉와 전혀 다른 방식으로 여성 캐릭터

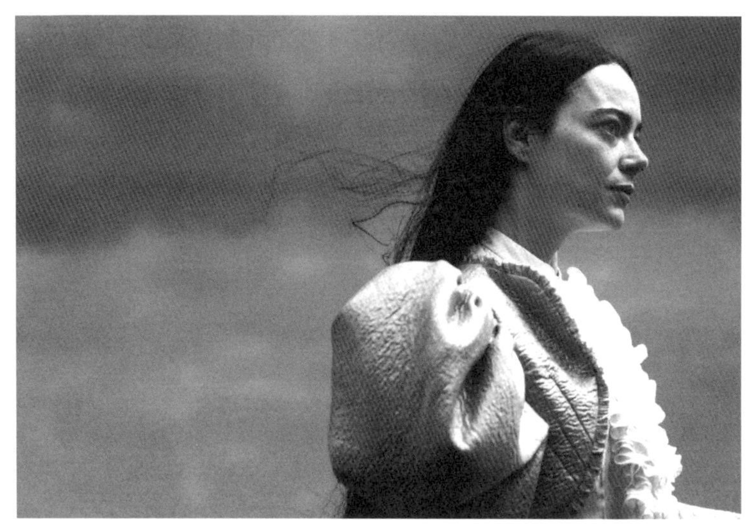

영화 〈가여운 것들〉의 벨라

의 괴물성을 빚어낸다. 〈서브스턴스〉가 욕망과 억압이 뒤섞여 만들어진 기괴한 괴물을 그렸다면, 〈가여운 것들〉은 사회적 억압을 파괴하고 자신만의 규칙을 만들어가는 능동적인 괴물을 담는다.

란티모스 감독의 영화들엔 본래 특유의 불편함과 기괴함이 흐른다. 신체 훼손과 성행위 등을 노골적으로 담는 기이한 설정이 곳곳에 들어가 있다. 그럼에도 란티모스 감독은 늘 창의적인 시도와 연출로 관객들을 강렬하게 사로잡는다. 〈가여운 것들〉은 란티모스 감독의 전작들을 능가하는 독창적인 아이디어의 결정체라고 할 수 있다. 사실상 영화 전체를 통틀어 대부분의 장면에서 전개를 가늠하기 힘들 정도이다.

〈가여운 것들〉은 처음엔 전형적인 프랑켄슈타인의 서사를 차용하고 있는 것처럼 보인다. 의사 갓윈(윌렘 대포)은 해부학 실험을 이어가던 중 스스로 창조주가 된다. 임신한 채 자살을 시도한 여성을 발견하고, 여성의 몸에 태아의 뇌를 이식해 벨라(엠마 스톤)라는 피조물을 만들어낸다. 성인 여성의 육체를 갖고 있지만, 세상과 사회를 학습하지 않은 순수한 아기의 뇌가 합쳐졌기 때문에 벨라는 지극히 충동적이고 원초적인 행태를 보인다. 그렇게 영화는 초반에 벨라의 육체와 지성의 불협화음을 극대화하여 기존과는 다른 괴물을 탄생시킨다.

벨라는 점차 불협화음을 좁혀가게 된다. 결정적인 계기는 두 번 찾아온다. 한번은 바람둥이 변호사 덩컨(마크 러팔로)을 따라 갓윈의 집을 떠나 세계를 여행 다니며 이뤄진다. 두 번째는 그런 덩컨마저 떠나 자신만의 생각과 철학대로 살아갈 때 이뤄진다. 갓윈의 집에만 갇혀 지내던 벨라는 덩컨을 만나 우선 육체적 욕망을 실현하게 된다. 이어 세계의 다양한 도시와 사람들을 만나며 내면의 호기심을 일깨우게 된다.

덩컨은 그런 벨라를 자신만의 소유물로 가둬두기 위해 다른 사람과의 접촉을 차단하려 한다. 하지만 벨라는 그의 방해에도 아랑곳하지 않고 사람들과 자유로운 대화를 이어간다. 그러던 중 한 사람의 인내로 세상이 어두운 곳에서 굶어 죽는 사람들을 발견하고 눈물을 쏟아낸다. 그리고 벨라는 덩컨의 돈을 몰래 빼내 그들을 돕고, 덩컨을 떠나 자신만의 결정과 가치관으로 주체적인 삶을 살아간다.

벨라라는 괴물이 색다르게 다가오는 중요한 요인은 벨라의 파격적인 행보 때문이다. 그리고 그 파격은 일반적인 범주를 벗어난 과감한 '탈(脫) 규칙'에서 비롯된다. 보통 규칙에서 벗어나 돌발적인 행위를 할 때는 사람과 사회로부터 스스로를 고립시키는 방향으로 나아

영화 〈가여운 것들〉의 벨라와 덩컨

간다. 하지만 벨라는 자기 멋대로 행동하는 것 같아도, 사람과 사회로부터 멀어지지 않는다. 오히려 더 깊숙이 파고들어 인간의 본성을 파고든다. 그러다 보면 본래는 시간이 흐를수록 사람과 사회가 만든 규칙에 얽매이게 되기 마련이다. 하지만 벨라는 세상에 적응을 하는 가운데서도, 어떤 규칙에도 종속되지 않는다. 창조주가 만든 피조물로서의 의무와 한계, 그 피조물들이 사회에서 만들어낸 각종 규범과 억압에 얽매이거나 복종하지 않는다.

그리고 이 괴물은 자신만의 규칙을 정하게 된다. 이는 기존에 없던 새로운 소통과 연결의 방식이다. 벨라는 덩컨의 온갖 모욕적인 언사에도 창녀가 되길 선택한다. 그리고 손님과 단순히 육체만이 아닌 감정적 친화를 추구한다. 벨라가 결말에서 자신만의 사람들을 연결해

가족을 구성하는 방식 또한 파격적이다. 벨라는 남편, 머리와 몸통을 다르게 만들어 버린 자신의 전남편, 사창가에서 만난 여성 애인, 갓원이 만든 여성 실험체와 함께 가족을 이루어 산다. 창조적 에너지를 가진 괴물의 탄생이자, 스스로 성장하는 괴물이라 할 수 있다.

4) 전복하고 연결하라

〈가여운 것들〉에선 벨라 자체가 비체로 그려진다. 그녀는 성인도 아니고 아기도 아니며, 이성과 충동 사이에 아무런 경계가 없는 모호하면서도 혼성적인 존재로 그려진다. 출산을 한 어머니의 몸은 비체로 간주되어 왔지만, 벨라는 출산을 하지 않은 채 자살을 시행한다. 스스로 비체로서의 삶을 거부한 것이라 할 수 있다. 하지만 본인의 의지와 무관하게 태아의 뇌라는 생명체의 일부를 이식받게 된다. 바깥으로 나와선 안 되는 태아의 뇌가 배출되어 여성의 몸 안으로 새롭게 들어간, 세상 어디에도 없는 기이한 비체적 존재가 된 것이다.

하지만 이 비체적 존재는 창조주가 부여한 의무와 한계, 덩컨이 요구하는 의존적 삶에서 벗어나려 한다. 가부장적 사회가 여성의 몸과 성을 억압하고 비체로 취급한 것에 대한 강력한 저항이라고 할 수 있다.

〈가여운 것들〉에서 자주 나오는 섹스 장면에서도 이 비체적 존재는 전복적인 힘을 발휘한다. 벨라는 창녀가 되기를 자발적으로 선택했으면서도, 남성 중심적 시선에 갇히길 거부한다. 그리하여 자신이 섹스를 주도하는 능동적, 적극적 위치에 자리한다. 이는 메두사를 비롯한 다양한 신화와 전설에서도 발견할 수 있는 '바기나 덴타타

영화 〈가여운 것들〉

(Vagina Dentata)'의 개념과도 맞닿는다. 라틴어로 '이빨 달린 질'을 의미하는 이 용어는 여성의 생식기에 이빨이 있어 거세를 당할 수도 있다는 남성의 불안을 담고 있다. 영화는 벨라에게 바기나 덴타타라는 매혹적이면서도 전복하는 힘을 부여하고, 이를 서사의 주요 동력으로 삼는다.

나아가 결말에서 벨라가 자신만의 연결 방식으로 파격적인 가족을 구성하는 것 역시 비체적 특성을 잘 드러낸다. 사회가 규정한 '가족'의 정의를 과감하게 비틀어낸 것으로, 체계적인 질서와 균일성을 교란하는 비체적 특성이 담겨 있다. 그렇게 벨라라는 괴물은 정상과 비정상, 아름다움과 추함, 정신과 육체의 이분법적 경계를 와해시키고 새롭게 연결한다.

란티모스 감독의 전작들처럼 〈가여운 것들〉 역시 잔인하고 외설적인 것은 분명하다. 이 영화에선 비체적 이미지를 강렬하게 만들어 나열하는 경향도 심화하고 있다. 그럼에도 란티모스 감독의 영화는 단연 독보적으로 과감하고 기발하다. 특히 벨라라는 창조적이고 전복적인 괴물을 탄생시켜 오히려 새로운 소통과 연결을 강조한다. 벨라가 그랬듯 영화계의 란티모스 감독의 발칙하고 기이한 반란, 그리고 성장이 갈수록 기대되는 이유이다.

이처럼 〈서브스턴스〉, 〈가여운 것들〉은 여성 캐릭터와 비체적 이미지를 활용하여 인간의 욕망과 억압을 절묘하게 표현하였다. 그렇게 만들어진 괴물들은 관객들에게 신선한 충격과 함께 중요한 사회적 질문을 던진다. 과연 오늘날 현실 사회에선 엘리자베스가 탄생하고 있을까, 벨라가 탄생하고 있을까? 이 질문에 대한 답이 곧 이 사회가 내포한 괴물성이 아닐까.

7장
돌봄, 괴물로부터 스스로를 지키는 힘
: 영화 〈메모리〉

| 이승희 |

1) 기억의 여러 가지 형상

미셸 프랑코의 영화 속 인물들은 기이한 행동을 한다. 기이함은 강도를 더해가다 폭력적 사건이나 사고와 만나고(혹은 일으키고), 인물들에게 트라우마를 남긴다. 트라우마에 의한 징후적 행동들은 영화의 서사를 점점 더 예상치 못한 파국으로 끌고 간다. 프랑코는 상황에서부터 시작한 영화의 중심에 사건이 놓이는 방식의 서사구조를 구축해왔다. 그러나 상황에서부터 시작하는 그의 영화의 궤적을 따라가 보면, 전사(서사 이전)에 또 다른 사건이 가려져 있거나, 이후에 또 다른 사건이 연쇄된다는 것을 알 수 있다. 프랑코의 영화는 상황과 사건이 연쇄적으로 반작용을 일으키는 전복적 서사의 순환구조로 점철되어 있다.

프랑코의 영화에서 인과관계의 연결은 결코 매끄럽지 않다. (상황

〈메모리1〉 사울과 실비아 ⓒ 네이버 영화

과 사건의 사이에) 인과가 없는 것이 아니라, 충분히 설명하지 않으므로 서사의 전개가 충격적이고 비약적이다. 관객들은 마치 접속사 없는 문장을 읽듯 툭툭 불거지는 돌출적인 사건들과 상황의 연관성을 적극적으로 추론하며 따라가야 한다. 이러한 서사구조를 지닌 프랑코의 영화에서 기억은 핵심적인 장치이다. 그러나 인간의 기억이란 불완전한 것이어서, 인물의 기억에 의존해 과거를 재구성해야하는 프랑코의 영화는 늘 미스터리로 가득했다.

프랑코는 줄곧 트라우마가 시간 속에서 과거화되면서 인물에게 어떤 징후를 남기는가라는 주제에 관심을 가져왔다. 그랬던 그가 영화 〈메모리〉(미셸 프랑코, 2023)에 이르러 본격적으로 '기억'(메모리)에 관해 다룬다. 기억의 여러 가지 형상을 통해 기억의 본질에 대해 사유한다. 특히 망각과 망상이라는 기억의 형태를 통해 기억이 정체성, 고통, 현실 인식 등 인간의 삶에 어떤 영향을 미치는지 탐구한다. 〈메모리〉가 이야기하는 기억의 여러 형상에는 망상과 망각, 트라우마와 추억 뿐 아니라 경청과 공감, 증언과 공동체, 그리고 돌봄과 사랑이 있다.

〈메모리〉의 주인공인 실비아와 사울은 서로 다른 형태의 기억 장애를 겪고 있다. 실비아는 어린 시절 아버지로부터 당한 성폭력의 트라우마로 인해 과거의 상처에서 벗어나지 못한 채 망상증과 알코올 중독에 시달리고 있다. 반면, 사울은 최근의 기억이 소실되어가는 치매 증세를 앓고 있다. 사울이 최근의 기억을 잃어가는 상황과 실비아가 과거의 트라우마에서 벗어나지 못하는 상황이 영화 속에서 교차되면서 관객들은 인물들이 겪는 양극단의 고통을 경험한다. 프랑코의 영화 세계에서 과거의 트라우마를 제대로 해결하지 못한 채 시간을 건너온 인물들은 정신병리적 징후를 보이는 괴물이 되곤 했다. 그래서일까, 프랑코의 영화 세계에서 이례적으로 사랑을 다루는, 유래 없이 따뜻하고 낙관적인 세계관으로 가득한(것처럼 보이는) 이번 영화에서 조차 불쑥불쑥 인물의 내면에 깊숙이 숨어있던 괴물성이 튀어나오는 돌연한 순간들이 있다.

사울의 기억 소실과 실비아의 지워지지 않는 기억의 대비는 이 영화의 핵심적인 아이러니이다. 영화의 불친절한 서사 진행방식 덕에 관객은 파편적이고 불완전한 두 사람의 기억을 끊임없이 재구성하며 이들의 불안을 간접적으로 경험하게 된다. 동시에 이들을 끊임없이 의심하게 된다. 스토킹범으로 보였던 사울은 치매환자임이 드러나고, 치매환자인가하면 소아성애범으로 보이기도 한다. 어린시절에 성폭행을 당했다고 말하는 실비아는 소아성애범에 의한 피해자인지, 거짓말을 하는 망상증 환자인지 영화의 후반부까지 불투명하다. 수수께끼 같은 순간마다 영화에서 잠깐씩 나타났다 사라지는 '괴물'을 목격한 관객은 이후, 퀴즈를 풀 듯 영화의 미스터리를 따라가게 된다.

〈메모리2〉 사울의 기억 소실과 실비아의 지워지지 않는 기억의 대비는
이 영화의 핵심적인 아이러니이다. ⓒ 네이버 영화

'이 인물은 괴물인가, 아닌가?' 아니라면 '누가 괴물인가?'

2) 괴물은 누구인가

망상장애에 의해 사울을 소아성애범으로 몰아간 실비아는 미셸
푸코가 구분한 '의학과 법의 규범을 이중으로 교란하는 자', 즉 '괴
물'에 해당한다. (『Les Anormaux (1974 – 1975)』 중 1975년 1월 22
일 강의(제3강) 참고. 영문판 Abnormal: Lectures at the Collège de
France, 1974 – 1975 (Picador, 2003).) 이는 처음부터 실비아를 스
토킹하듯 따라왔던 치매환자 사울의 경우도 마찬가지다. 그러나 이
후 영화가 내는 퀴즈를 풀기 위해 두 사람의 사연에 몰입하던 관객
들은 이들이 괴물이 아닌, 단지 트라우마로 인해 징후를 겪는 인간일
뿐이라는 점을 깨닫게 된다. 영화가 던지는 '괴물은 누구인가?'라는
질문은 이후, 관객들이 영화 속 인물 중 '누가 괴물인가?'를 찾아내게

하는 데서 그치는 것이 아니라, '괴물이란 무엇인가?'라는 보다 본질적인 사유에 이르게 한다.

프랑코 특유의 아이러니한 서사구조에 의하면 사울도 실비아도 괴물이 아니거니와, 괴물이 아닌 것도 아니다. (관객의 추론은 계속된다.) 그렇다고 해서 실비아를 과거에 성폭행한 그녀의 아버지와 이를 묵인한 어머니 사만다가 괴물이었다는 것을 밝히는 것으로 이 퀴즈에 대한 답이 명쾌하게 마무리되지도 않는다. 〈메모리〉는 사건의 원인을 규명하는 데 관심을 두는 범죄 스릴러물이 아니다. 이 영화의 극대화된 미스터리는 스릴이나 쾌감을 증폭시키는 데 기여하지 않는다. (영화의 서사진행은 외려 이런 기대를 보란 듯이 무력화해버린다.) 프랑코의 불친절함과 고요함에는 서사 속 전복과 반작용이 스펙터클에 오용되지 않게 하려는 고도의 윤리적 계산이 깔려 있다. 프랑코 특유의 절제되고 건조한 스타일은 세계를 탐구하는 신중하고 진지한 태도가 반영된 것이다. 프랑코 영화의 미스터리는 그 자체로 징후적인 세계의 형상과 연루되어 있다.

문제의 (실비아가 주장하는 성폭행이 거짓이 아니라는) '증언' 장면 이후에도 영화 속에서 실비아와 사울을 괴물로 몰아가는 낙인찍기는 계속된다. 영화 속 괴물을 낙인찍고 가두려는 경계가 끊임없이 두 사람을 갈라놓는다. 괴물과 정상인의 경계 짓기는 필연적으로 권력 구도를 발생시킨다. 영화 속에서 사울과 실비아가 있는 장면의 미장센은 권력 구도가 작동되는 역학적 구도를 나타낸다. 괴물의 반대편에는 정상을 상정한 권력이 있다. 푸코의 논의를 다시 한 번 빌려 보자면, 괴물이란(비정상인이란) 정상성 규범의 경계를 설정하는 존재이다. 관객들이 사울과 실비아에 대한 신뢰와 의혹이 무너졌다가 재구축되는 것을 반복해서 겪는 동안, 재구성되는 것은 괴물을 규정하는 세계의 형상이다. '괴물이란 무엇인가'를 생각할수록, 영화에는 괴물과 괴물 아닌 것을 구분 짓는 경계가 드러난다. 푸코를 말하자는 게 아니다. 영화의 이미지로 돌아오자. 영화 속 공간 곳곳에는 괴물(비정상성)과 정상성을 구분 짓는 권력 구도가 정교하게 가시화되어 있다.

〈메모리〉의 카메라 구도는 독특하다. 카메라의 거리는 인물들로부터 유독 멀고 관찰자적이다. 영화가 인물들의 감정에 개입하지 않기 위해서란 해석은 자못 피상적이다. 여기서부터 나의 질문은 시작된다. 영화의 정교하게 설계된 형식들을 통해 영화 속 인물과 인물, 영화와 인물 간의 먼 거리가 보인다면, 〈메모리〉는 단지 먼 거리'에서' 보는 영화가 아니라, 먼 거리'를' 보는 영화가 아닐까. 단체사진처럼 인물들을 먼 거리에서 정적으로 찍는 이른바 타블로숏 구도는 프랑코의 영화들을 관통해 온 인장이다. 이 구도는 인물들이 속한 공간의 전체를 관찰할 수 있도록 찍혀있어 마스터숏으로도 볼 수 있다. 공간의 전체 구조뿐만 아니라, 인물들이 공간으로 들어가거나 나가는 동선까지 모두 조망된다. 단지 멀리서 보이는 것이 아니라, 먼 '거리' 자체를 인식하게 된다.

〈메모리〉의 치밀하게 계산된 프레임, 구도, 동선은 '거리'에 대해 영화가 치열하게 고민한 결과다. 카메라가 인물에 대해 유지하는 거리는 영화의 형식일 뿐만 아니라 주제이며, 윤리적 태도다. 자기 윤리를 탐색하고 실천해가는 프랑코의 진중하고 섬세한 태도가 영화에 품위를 더한다. 프랑코의 영화 속에서 괴물의 반대편에는 권력의 주체가 있는 것이 아니라, 권력의 주체가 되지 않으려는 안간힘이 있다. 전복과 반작용이 연쇄되는 예의 프랑코의 방식대로 아이러니의 아이러니를 거치면 괴물이 아닌 것은 정상성 규범의 경계를 설정하지 않는 존재, 권력의 주체가 아닌 존재이다. 영화는 괴물을 찍으려 들 때 생겨나는 권력과 권능으로부터 스스로 멀어지려한다. 이때 '거리'가 발생한다. 프랑코의 영화 속 공간의 '거리'는 공동체와 사랑에 대한 알레고리들을 풍부하게 제공하고 있다. 이를 이해하기 위해 조금 복잡한 미로를 거쳐야 한다. 까다로운 몇 개의 장면들에 관해 말할 차례다.

3) 들어가거나, 물러서거나

우선 한 장면을 보자. 동생 아이작의 과도한 감시를 피해 자신의 뉴욕 저택에서 나온 사울은 실비아와 애나가 사는 집에서 묵기 시작한다. 사울이 애나의 방에서 묵은 다음 날 아침, 애나는 키를 가지러 사울이 있는 방에 들어갔다가 옷을 벗고 있는 상태의 사울을 보게 된다. 그는 아마도 옷을 벗고 있는 자신의 상태를 인지하지 못한 것 같다. 애나는 잠시 당황하지만 이를 못 본 척하고 엄마 실비아에게 다가가서 자연스레 같이 양치질을 하며 말한다. "아저씨 오늘도 있을 거면 난 이모네서 자도 돼?" "네가 싫으면 아저씨 가라고 할게." "엄마가 좋아하잖아. 있어야지."

이 장면의 대사는 사울과 실비아 두 사람에게 오붓한 시간을 갖게 해주려고 애나가 배려를 하는 것으로 보인다. 그런데 뭔가 마뜩치 않다. 애나가 지금 이 자리를 피하는 이유가 단지 두 사람을 위한 '배려'의 차원이라면, 굳이 이 숏의 앞에 사울의 나체를 보고 당황해 하는 애나의 숏이 있을 필요가 없다. (미셸 프랑코의 서사 전략은 매우 치밀하다.) 마뜩치 않을 뿐더러, 두 숏의 몽타주가 추동하는 기이한 정동을 설명하기에 역부족이다. 이 장면에서의 애나의 행동을 이해하기 위해서는 뒤의 몇 장면을 같이 볼 필요가 있다.

애나가 두 사람에게서 물러나는 이 장면은 우선, 영화의 마지막에서 애나가 사울을 실비아에게 데려와 만나게 해주는 엔딩장면과 조응한다. 영화의 대단원, 사울과 분리된 후 식음을 전폐하고 있는 실비아를 돌보던 애나는 지하철을 타고 사울을 데리러 간다. 애나는 사울의 집에서 그를 데리고 나와 (실비아와 자신의) 집으로 향한다. 이 여정은 꽤 길게 찍혀있다. 그리고 이 길의 동선은 이 영화의 러브스토리가 시작할 때 사울이 실비아를 따라왔던 동선과 일치한다. 〈메모리〉는 인물들의 동선을 따라 그들의 감정을 읽는 러브스토리다. 애나는 사울을 집으로 데려와 실비아와 만나게 한다.

실비아가 집 안을 청소하고 있고, 사울을 데려온 애나는 실비아가 있는 방의 소파에 가서 앉는다. 사울과 실비아가 서로에게 다가가며 영화는 끝난다. 이 마지막 장면에서 두 사람이 있는 프레임에 애나가 들어있는 '쓰리숏'도 어딘가 기이하다. 롱숏으로 찍은 이 장면에 실비아가 있는 방 바깥쪽까지 모두 잡히고 있다는 것을 생각하면, 애나가 굳이 방 안의 소파에 가서 앉는 행위는 두 사람이 있는 프레임의 안으로 '들어오는' 행위이다. 앞서 언급한 장면에서 애나가 두 사람을 위해 '물러났다'는 사실을 상기해보라.

〈메모리〉가 실비아와 사울 두 연인의 사랑에 초점이 맞춰진 러브스토리라면, 굳이 두 사람의 만남이 이뤄지는 자리에 애나가 들어있는 이미지가 왜 필요했을까? 이 장면이 만일 애나가 '두 사람의 사랑을 이어주는 메신저'라는 서사적 필요에 의해서 참여하고 있는 장면이라고 해도, 카메라는 얼마든지 해당 장면의 공간을 분할해서 '투 숏'을 잡을 수 있었다. 그렇게 하는 편이 두 사람의 로맨스를 표현하는 데는 더 효과적이었을 텐데도 영화는 그렇게 하지 않았다. 애나의 동선은 분명 의도적이다. 그렇다면 이 장면에서 애나가 두 사람 사이에 '들어와' 개입하고 있다는 사실이 중요하다는 것을 알 수 있다. 우리는 이 소파에 애나가 앉은 모습을 앞의 다른 장면에서 같은 구도와 같은 앵글로 본 적이 있다.

사울이 실비아의 집에 와 있다는 것을 알아낸 아이작이 사울을 데리러 실비아의 집에 찾아왔을 때, 애나는 사울이 앉은 소파에 가서 그의 곁에 앉는다. 마지막 장면에서와 똑같은 자리, 똑같은 구도다. 이때 애나는 (같은 숏에서) 소파에 앉기 전에 방의 물건을 치우러 방 밖으로 나갔으므로 (화면 밖으로 프레임아웃(frame-out) 했으므로) 프레임 안(방 안)에 애나가 없어도 서사에는 아무런 문제가 생기지 않는다. 그렇다면 두 장면에서 애나가 프레임인(frame-in)해서 들어와 소파에 앉는 것은 서사 외적인 영화의 요청에 의한 것이라고 밖에 생각할 수 없다. 앞서 이 영화의 구도는 '동선'이 드러나도록 설계되었다는 점을 말했다. 애나가 굳이 이 방에 다시 들어와 앉는 다소 어색한 동선 역시 우연에 의한 것이 아니라, 의도적인 연출일 가능성이 높다. 애나가 요청 받는 것은 무엇인가? 두 장면 모두에서 애나는 실비아, 사울과 함께 있다. 애나는 두 사람과 '함께 있어주길' 요청 받고 있는 것이다. 이러한 영화의 요청이 가장 간절하게 반영된 장면은 올리비아의 집에서 실비아와 사만다가 마주친 문제의 '증언' 장면이다.

4) 증언을 듣는 증인의 자리

실비아와 사울은 애나를 데리러 올리비아의 집에 들렀다가 실비아의 모친인 사만다와 마주친다. 이때, 트라우마에 의한 발작이 일어난 실비아는 올리비아에게 어린 시절에 본 것을(어릴 때 아빠가 성폭행한 것을) '제발 말해' 달라고 한다. 이 자리에서 올리비아는 실비아의 말이 사실임을 증언한다. 이로써 실비아는 망상증 환자라는 괴물이 아니며, (환자가 맞다고 하더라도) 성폭력에 의해 희생된 피해자라는 사실이 밝혀진다. 실비아를 낙인찍었던 경계는 무너진다. (이 경계는 물론 실비아의 가족들과 관객이 공모해서 구축한 경계다.) 이때 이 장소에 있는 모든 인물-가족들-은 프레임 안에 담겨 멀리서 그룹숏으로 찍히고 있다. 마치 연극 무대의 한 장면이나 회화를 보는 듯한 타블로숏(씬)이면서 이 장면의 전체를 관망할 수 있는 마스터 숏이기도 하다. 따라서 관객으로 하여금 중요한 사실을 목격하고 있다는 현장감과 사실성이 강조된다. 그리고 이 숏에 애나가 들어있다. 〈메모리〉는 증인(올리비아)이 진실을 말하는 증언의 자리에 또 다른 누군가가 증인(애나)이 되어 함께 있어주어야 한다고 생각한다. 그 자리(증인의 자리)의 부재가 실비아를 폭력적인 사건의 피해자로 만들었기 때문이다.

사만다가 준 원피스를 입고 있던 애나에게 실비아는 옷을 벗으라고 말한다. 옷을 갈아입으러 프레임 밖으로 나갔던(frame-out)

<메모리3> 사울은 실비아를 밝은 외부로 데리고 나온다. ⓒ 네이버 영화

애나는 어른들의 대화가 격렬해지자 다시 프레임 안으로 들어온다 (frame-in). 인물들이 모두 정지한 채 서있는 장면에서 유일하게 움직이고 있는 사람은 애나다. 회화처럼 정적인 타블로숏에서 애나를 두 번 등장시켜 그에게만 동선을 부여한 것은 애나에게 이목을 집중시키는, 고도의 연출이다. 이 장면에서 중요한 것은 애나의 존재이며, 애나는 지금 이 자리에 두 사람과 '함께 있어주길' 요청 받고 있다. 프레임인(frame-in)해 들어오는 애나 쪽을 보면서 실비아는 올리비아에게 "말해줘.(Tell her!)"라고 한다. 이 증언은 애나도 들어야 한다, 아니 누구보다 애나'가' 들어야한다. 이 장면에서 애나는 분명 증인으로 참석하고 있다. 그렇다면 열 세 살에 불과한 어린 아이인 애나는 왜 이 엄혹한 증언을 듣는 증인이 되어야 하는 것인가?

이 장면에서 가장 눈길을 끄는 것은 인물들의 가운데에 놓인 괘종시계다. 이 장면의 미장센은 시간의 위력을 은유하는 알레고리로 구성되어 있으며 괘종시계는 그 핵심 장치다. 이 괘종시계는 12시 무렵을 가리키고 있다. 실비아가 괘종시계를 사이에 두고 마주보고 있는 올리비아에게 "이제 좀 기억해 줄래?"라고 하자, 애나가 올리비아 쪽에서 프레임인(frame-in)해 들어온다. 이때 올리비아가 "난 여덟 살이었어."라고 말한다. 아마도 사건이 일어났을 때 올리비아가 여덟 살, 실비아가 열 두 살 무렵이었을 것이다. (실비아가 사울에게 성폭행을 당했다고 말한 나이가 열 두 살이다.) 애나는 지금 그때의 실비아와 비슷한 나이인 열 세 살이다. 도식적이라고까지 생각될 만큼 상징적인 숫자다. 실비아가 '기억하라'고 주문하자, 열 세 살의 애나가 실비아의 시간의 반대편에 불려 나와 있다. 애나의 나이에 트라우마를 입은 실비아는 시간이 흘러 괴물이 되었다. 이들 가운데에 놓인 괘종시계는 마치 인간들을 잡아 삼키는 괴물처럼 육중하다. 시간이란 존재는 실로 가공할 만한 힘을 지녔다.

시간에 대한 은유 때문인가, 문득 영화의 첫 시퀀스에서 '알코올중독자 치료모임'의 회원 중 한 명이 실비아에게 말했던 대사가 떠올랐다. "애나도 곧 어른이 될 거고, 결국 자길(실비아를) 떠나 독립할 테니까." 이 말은 극의 초반부에선 외동딸 애나가 성인이 되고나면 혼자 남을 실비아를 위해 연애를 독려하는 대사처럼 들렸다. 그런데 퀴즈를 풀 듯 몰입해온 이 미스터리의 여정 끝에 모든 가족구성원들이 모인 자리에서 이루어지는 증언은 시간에 관해 보다 중요한 것을 말하고 있지 않을까. 엄중한 시간의 기로에서 영화가 말하려는 것은 애나가 '독립'적인 주체로서 한 사람의 '어른'이 된다는 사실이다. 시간이란 과거화되는 것이기도 하지만 미래에서 오는 것이기도 하다. 실비아를 평생 고통스러운 폭력의 기억 속에 가둔 것도 시간이지만 애나의 앞으로 달려오는 것 또한 시간이다. 한 사람의 성인이 되어 삶을 오롯이 살아가야 할 애나는 지금 시간의 한 가운데, 실비아의 트라우마와 자기의 미래 사이에 서있다.

이 기이한 딥포커스의 타블로숏 구도에서 기묘하게도 가장 구석에 있는 애나에게 시선의 초점이 맞춰지고 있는 것은 앞에서 말한 '소파' 장면들에서 애나가 '들어오는' 동선에 초점이 맞춰지고 있는 이유와도 같다. 애나는 분명 이 자리에 함께 있어주길 요청받고 있다. 어쩌면 이 장면들에서 인물들과 애나와 관객은 이 영화의 미스터리한 여정의 앞뒤, 증언과 전언이 발화되는 자리에 함께 있도록 요청받은 것인지도 모른다. 그렇다면 실비아와 애나의 모든 가족 구성원이 모인 증언의 자리에 애나가 불려와 있는 것과, 애나가 실비아를 돌보는 보호자이자 동반자로서 참석한 자리에 돌봄 공동체 구성원들(알콜중독자 치료모임 회원들)이 모두 나와 있는 것은 바로 애나가 진실을 듣게 하기 위해서이며, 이들 모두가 증언의 증인으로서 함께 있어주길 요청 받았기 때문은 아닐까. 애나가 증인이 되어 진실을 들어야 하는 이유는 자기 삶의 독립적인 주체로서 살아가기 위해 애나가 그 스스로를 돌보아야 하기 때문이다. 영화가 첫 장면에서 '돌봄 공동체'의 자리에 애나를 참석시킨 이유는 분명하다. 애나는 어린 아이이지만 엄마를 돌보는 성숙한 보호자이자 공동체의 어엿한 일원으로서 함께하고 있다.

다시 문제의 장면으로 돌아가자. 애나가 이모네서 자겠다고 말하는 장면은 다음날 밤 벌어지는 사울의 위태로운 장면과 같이 생각해야 한다. 올리비아의 집에서 증언이 있던 날 밤, 사울은 새벽에 화장실을 다녀오다가 애나의 방문과 실비아의 방문, 두 개의 방문 앞에서 머뭇거리다 복도 의자에 앉는다. 아마도 사울에게 치매증상이 발작한 상태인 듯하다. 둘 중 어떤 문이 실비아의 방문이고 애나의 방문

인지 분간하지 못하거나, 서 있는 곳이 어디인지조차 잊어버린 것일
수도 있다. 두 개의 방문 앞에서 어쩌지 못하고 주저앉은 사울의 모
습은 그가 나체로 발견되었을 때처럼 무기력하고 처연하다. 그런데
다시 생각해보면 이 장면에는 분명 어떤 기이한 징후와 함께 폭력의
위험성이 서려있다. 말하자면 괴물성이 돌연히 제 모습을 드러내는
순간.

전날 밤과 달리, 이날부터 사울은 실비아의 방에서 실비아와 동침
을 하기 시작했다. 그러니까 사울은 지금 애나의 실질적인 아버지의
자리에 와있다. 애나는 지금 실비아가 아버지에게 성폭행을 당한 시
절의 나이와 비슷한 열 세 살이다. "아빠가 항상 언니를 불러 방으로
데려가서는 문을 닫았어."(올리비아의 대사) 여기에 절대로 간과해서
는 안 되는 질문이 있다. 이때 사울이 '애나의 방문'을 열면 어떻게 되
는가? 이 드라마의 모든 비극은, 실비아가 누구에게서도 침범당해서
는 안 되는 사적 영역(공간)을 친부로부터 침범당하면서 일어났다.
그러므로 영화에서 실비아를 사랑하는 이들(애나와 사울), 그리고 영
화의 카메라는 실비아의 방의 문을 함부로 열고 들어가지 않는다. 이
것은 실비아 뿐만 아니라 누구에게도 지켜져야 하는 예의이자 도덕
이다.

이제 애나가 두 사람에게서 떠나 이모네 집에 가서 자겠다고 한
장면에 들어있는 영화의 의도가 명백해진다. 사울이 치매환자라는
사실을 이미 알고 있는 애나는 갑자기 출현할지도 모르는 괴물에게
서 의연히 거리를 두고 있다. 이는 애나 스스로에 대한 보호이자 돌
봄이다. 엄마 실비아를 돌보는 의젓한 딸이긴 하지만 아직 열 세 살
에 불과한 아이인 애나가 어떻게 이런 판단을 할 수 있다는 것인가.

여기서부터 영화는 보다 공적인 차원의 논의를 시작하고 있다. 그리고 이는 괴물성에 대한 질문이기 이전에 돌봄에 대한 질문이다. 돌봄에 관해 보다 첨예한 질문을 제기하고 있는 이들은 사라와 사울이다.

5) 사라와 사울

인물과 인물 사이의 거리를 조절하는 상황이 이번에는 사라에게서 연출되는 장면들이 있다. 영화의 중반, 사라에게 치매 환자인 사울을 돌봐달라는 부탁을 받은 실비아가 간병인으로서 사울을 돌보기 시작하면서 두 사람은 가까워진다. 그러던 중 친밀해진 두 사람의 모습을 목격한 사라가 도리어 곤란한 낯빛으로 애써 자리를 피해주려고 문 뒤로 물러난다. 여기서 사라의 행동은 두 사람을 이어주기 위해 물러났던 애나의 행동과도 상응한다. 더군다나 맨 처음 실비아에게 찾아와 사울을 돌봐줄 것을 부탁한 사람도 사라였다는 사실을 기억할 필요가 있다. 애나가 마지막 장면에서 그랬듯이, 사라는 최초에 두 사람을 연결한 메신저이다.

사라-사울의 관계는 애나-실비아의 경우보다 훨씬 까다롭다. 사라는 사울에게 딸보다 더 딸 같은 조카다. 아마도 딸이 없는 사울에게 조카인 사라가 나서서 딸의 역할을 해주는 것일 게다. 그런데 이러한 상황은 역설적으로 사울에게서 딸이라는 존재의 부재를 부각시킨다. 영화는 방계가족인 사라를 통해 사울을 '누가 돌볼 것인가'라는 문제를 제기하고 있다. 조앤 C. 트론토의 『돌봄 민주주의』(김희강, 나상원 옮김, 박영사, 2014)에 따르면 돌봄은 대개 가정 내의 여성들

(특히 직계 가족)에 의해서, 그리고 개인적인 인간관계 내에서 이루어진다. 여성 직계 가족, 즉 어머니와 딸이 없는 사울의 처지는 실비아의 처지보다 훨씬 비참하다.

'젊은 치매' 환자인 사울에게 남동생과 조카딸 이외의 가족이 없다는 설정은 공동체에서 일어나는 돌봄에 관한 다분히 현실적이고 긴급한 문제들을 사울이라는 인물에게 대입한 사례다. 사울에게 돌봄이 필요하다는 사실을 누구보다 잘 알고 있는 인물이 사라이며, 사라 스스로 조카인 자신이 사울을 돌볼 수 없다는 사실을 인식하고 있다는 내용은 우연이라고 보기엔 너무도 정교하다. '돌봄' 담론에 관련된 사회학적 케이스스터디로도 온당해 보인다. (이 지면은 분명히 '돌봄'에 관한 담론을 다루는 사회학 연구의 자리는 아니지만, 영화가 돌봄 담론에 관한 질문을 다루지 말란 법도 없으므로, 사라-사울의 관계에 대한 이 같은 해석이 허용되길 바란다.)

애나에게 왜 친부가 없는지, 혹은 왜 만나지 않는지를 들춰내지 않는 것과 마찬가지로, 사라가 왜 사울에게 딸처럼 구는지(혹은 조카처럼 구는 것인지) 영화는 들추지 않는다. 이는 앞서 말했다시피 영화 이전 서사에 놓인 사건이나 사고에 대해 설명하지 않는 프랑코의 일관된 서술 방식이다. (〈애프터 루시아〉(2013)와 〈썬다운〉(2022)에서는 인물의 트라우마와 관련된 것처럼 보이는 몇 개의 플래시백이 인서트되었지만 이조차 명확한 인과관계를 설명하지는 않는다.) 여기에는 영화 스스로가 스릴러와 범죄물들이 하듯 사건, 사고의 원인이나 범인을 파헤치는 것은 제 할 일이 아니라는 태도가 들어있다. 말하자면 '말해지지 않은 것에 대하여 영화는 침묵해야 한다'는 태도. 미셸 프랑코는 '영화는 침묵할 때 더욱 빛을 발하는 예술'이란 사실

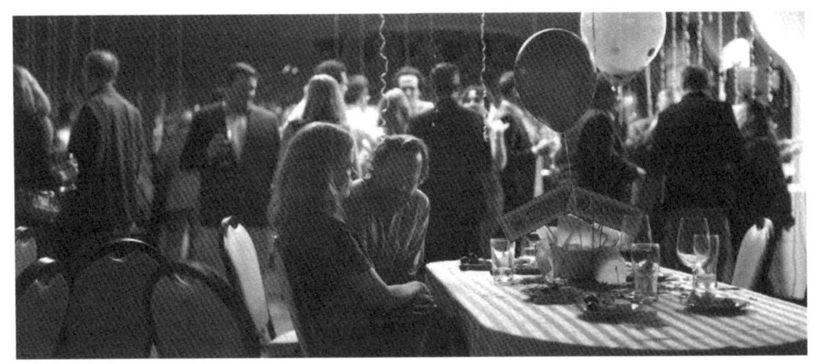

〈메모리04〉 사울의 뉴욕 저택은 늘 감시와 통제에 노출되어 있는 사울의 상황을 암시한다.
ⓒ 네이버 영화

을 아는 몇 안 되는 감독이다. 그리고 이는 카메라가 인물에 근접해 필요이상으로 정서적 스펙터클이나 감정을 조장하는 것을 스스로 자제하는 영화의 태도와도 일맥상통한다. 애나의 방문과 실비아의 방문, 두 개의 문 앞에서 사울이 문을 열고 들어가지 않는 건 인물들에게 끝까지 인간으로서의 존엄을 지켜주려는 영화의 태도다. 문을 여는 순간 인물은 괴물이 되고, 드라마는 범죄 스릴러물이 될 것이다.

실비아와 사울은 자신의 공간으로 서로를 이끈다. 실비아는 계속 닫힌 프레임의 폐쇄적인 공간 안에 스스로를 가두고 있는 반면, 사울은 늘 열린 프레임의 공간에 들어있다. 아름답기 그지없는 두 사람의 키스신과 베드신은 차분하고 정밀한 롱테이크로 두 사람이 서로를 자신의 공간으로 이끄는 몸짓을 찍었다. 사울은 실비아를 밝은 외부로 데리고 나오고, 실비아는 사울을 아늑한 내부로 데리고 들어간다. 폐쇄된 자기 공간을 이중, 삼중으로 문단속하던 실비아는 사울을 자신의 사적(私的) 공간으로 초대한다. 이는 그녀의 은밀한 내부 영역으로의 초대이기도 하다. 그녀에게 사울은 더이상 외부가 아니며 실비아의 내면의 일부가 된 사울도 그녀의 사적인 영역으로서 지켜져야 한다.

사울의 저택은 큰 채광창으로 온통 뚫려있는데, 이는 일차적으로는 열린 외부로 그의 기억이 계속해서 빠져나가고 있다는 은유이고, 이차적으로는 늘 감시와 통제에 노출되어 있는 사울의 상황을 암시한다. 그가 자꾸만 나체로 발견되는 것도 기억 소실에 의한 발작이면서 동시에 계속해서 감시에 노출되어 존엄성이 훼손되어 가는 사울의 내면 상태를 나타내는 것이기도 하다. (실비아는 돌봄의 일환으로 사람들에게 계속해서 옷을 입히는 사람이다.) 영화의 말미에서 자신을 데리러 온 애나 앞에서 사울이 어린아이처럼 눈물을 터뜨리는 것은 인간으로서의 존엄성이 훼손된 데 대한 수치심의 발현이다.

사울이 자기 소유의 저택에서 나와 실비아의 작고 허름한 아파트에 머물길 원하는 이유는 이 장소만이 그에게 유일하게 사생활이 보장되는 존엄성의 보루이기 때문이다. 그에게 뉴욕의 저택은 전형적인 판옵티콘의 감옥이다. 사울이 짐을 가지러 저택에 들르는 장면에서 그는 저항하듯 동생 아이작에게 소리를 치는데, 여기서 사울이 소리치는 방향은 아이작이 있는 ‘윗층’이다. 애나가 사울을 데리러 온 마지막 장면에서도 자신을 감시하는 간병인을 향해 "위로 안 올라가요?"라고 소리치는 것도, 간병인이 그간 위에서 내려다보며 사울을 감시해왔다는 걸 추정하게 하는 대목이다. 간병인이 고용주-아이작-에게 감시의 역할을 하도록 지시를 받았다는 것을 암시하며, 돌봄 노동자의 직업윤리에 관해서도 질문을 품도록 치밀하게 심어놓은 대사다.

사울에게 있어서 이러한 공간의 의미를 알고 있는 사람은 조카인 사라이다. 사라는 그래서 문을 열 때마다 매우 조심스러워하는 태도를 보인다. 들여다보기를 조심스러워하는 것은 영화도 마찬가지다. 가까이 다가가기보다 한 발짝 물러난다. 인물의 감정을 담아내기를 포기하는 것이 아니다. 인물의 표정을 가까이서 잡는 방식이 아니라 동선과 구도와 미장센을 통한 방식으로 우회한다. 그리하여 프랑코는 세계의 징후적 형상과, 그것을 온몸으로 버텨내거나 부서지는 인물들의 모습을 멀리서, 그리고 천천히 관찰하고 재현한다.

애나와 사라는 어느 때에는 물러나고, 어느 때에는 개입한다. 애나는 때로 사울과 실비아의 관계에 개입하고 있고, 때로는 물러나 있다. 때로 애나는 이모 올리비아와 외할머니 사만다가 엄마 실비아의 사적 공간에 들어오지 못하도록 막는다. "나라면 언니한테 그렇게 안 했어." 올리비아가 계단 아래서 애나를 올려다보고 있을 때, 실비아를 보호하기 위해 올리비아의 접근을 막는 애나는 어린아이답지 않게 당당하고 위엄이 있다. 그렇다면 이 장면들에서 확실히 알 수 있는 것은 애나와 사라는 사울과 실비아 두 사람 사이에서 '거리를 조절하는 사람'이라는 사실이다. 실비아와 사울 두 사람 사이의 거리를 조절하고, 두 사람에게서 자신들의 거리를 조절한다. 이 거리는 애나와 사라가 보여주는 실비아와 사울에 대한 사랑이다. 이 성숙하고 존엄한 두 소녀는 거리두기로서 사려 깊은 사랑을 실천한다.

그렇다면 애나와 사라는 언제 들어서는가(개입하는가). 이들은 진실을 말하는 자리에 공동체의 어엿한 구성원으로서 인물들과 함께한다. 엄마 실비아와 삼촌 사울을 돌보는 사람이자 동시에 스스로를 돌보는 사람으로서. 〈메모리〉는 영화가 인물들로부터 지키는 거리야말로 영화로서의 최선의 의지이자 윤리적 태도이며, 돌봄의 시작이라고 믿는다. 동시에 이 믿음은 공동체에 대한 믿음이다. 진실을 말하는 자리에 누군가 증인이 되어주어야 한다면 그 증인은 누구보다 영화여야 하고, 공동체의 구성원들은 최선을 다해 그 자리에 함께 해주어야 한다고 프랑코는 믿는다.

왜 애나인가? 그리고 애나는 누구인가? 다시 한 번 트론토의 견해를 빌리자면 민주주의적 돌봄 공동체에는 세 가지 전제 조건이 필요하다. 첫째, 모든 사람은 돌봄을 받을 자격이 있으며, 둘째, 모든 사람은 다른 사람을 돌볼 자격이 있고, 셋째, 모든 사람은 돌봄의 공적 과정에 참여할 자격이 있다. '함께 돌봄'은 민주주의의 주된 관심사이며, 모든 민주 시민은 '서로' 돌볼 책임이 있다. 애나는 어린아이이고 실비아의 딸이므로 돌봄을 받을 자격이 있거니와 동시에 누군가를 돌볼 자격도 있다. 영화가 실비아를 돌보는 자리에 애나를 위치시킨 것은 모든 사람은 함께, 서로, 그리고 무엇보다 '스스로' 돌볼 자격과 책임이 있기 때문이다. 신경쇠약증과 망상증 환자인 실비아가 자신의 장애에도 불구하고 사람들을 돌보는 복지사로 일한다는 설정은 그래서 온당하다. 실비아와 사울이 각자 돌봄이 필요한 사람들임에도 서로를 돌볼 수 있었던 것도 이 때문이다. 실비아가 사울을 돌보던 중 그와 사랑에 빠진다는 서사의 내용은 다소 도식적으로 보일 수 있음에도 돌봄과 사랑의 관계를 떠올리게 한다는 점에서 공동체에 절실한 어떤 질문이 되고 있다.

6) 괴물은 서로 사랑할 수 있을까?

미셸 프랑코는 같은 주제에 관한 질문을 일관적이고 깊이 있게, 그

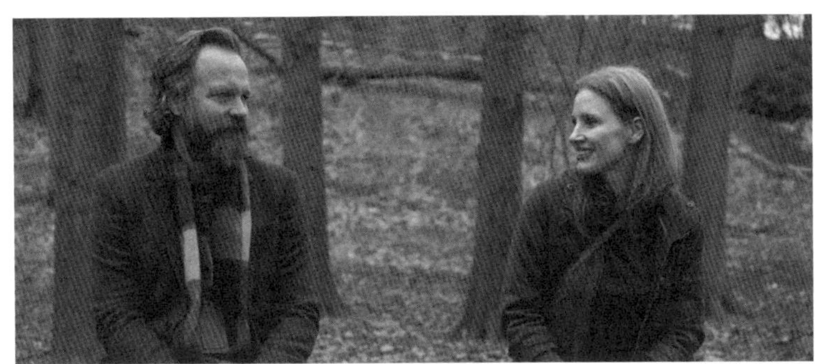

〈메모리5〉 애나와 실비아 ⓒ 네이버 영화

리고 누구보다 영화적 형식에 충실하게 지속해왔다. '돌봄 윤리'에 관한 프랑코의 탐구는 초기 〈애프터루시아〉(2013)에서부터 〈크로닉〉(2016), 〈에이프릴의 딸〉(2019)로 이어졌다. 〈메모리〉에 이르러 프랑코의 질문은 보다 복잡하고 까다로워졌으며 거기에 화답하는 영화의 이미지 또한 고도로 정교해졌다. 돌보는 사람과 돌봄을 받는 사람 간의 관계에서 생겨나는 윤리적 질문은, 돌봄 주체들의 존재론에까지 가닿는다. 〈메모리〉는 괴물에 대한 질문처럼 보이지만 실은 돌봄에 대한 질문이다.

'괴물은 서로 사랑할 수 있을까?'로 시작한 질문은 '돌보는 사람과 돌봄을 받는 사람은 서로 사랑하는 것이 가능할까?(사랑해도 될까?)라는 돌봄에 관한 현실적이고 실천적인 질문으로 되돌아온다. 그리고 이쪽이 훨씬 엄혹하고 무겁다. 이는 프랑코의 초기작인 〈크로닉〉(2016)에서 다루었던 '돌봄 윤리'에 관한 여러 가지 질문들 중 한 가지 유형('돌봄 관계에서 감정이 개입돼도 되는가?')을 심화, 확장 시킨 것이다. 이 질문들은 돌봄을 공적 영역에서 다룰 때에 실질적으로 대두되는 윤리적 문제에 관한 것들이다.

〈메모리〉는 첫 장면에서 노인의 얼굴을 보여준다. 이는 시간에 대한 은유이다. 모든 사람은 늙는다. 시간의 흐름 앞에 자유로운 인간은 없다. 알코올중독자 치료 모임의 회원들을 클로즈업하는 것으로 시작하는 영화의 도입부는 공동체 내의 여러 군상들을 통해, 우리 모두에게 '상처'를 안고 살아가는 괴물이 잠재돼있다는 것을 보여주는 것으로서 유효하다. 이 돌봄 공동체의 이름은 '경험을 공유하는 이들의 연대'다. "I remember like yourself......" "기억나요 나도 당신처럼....."(상처받고 막막하고 절망적이었어요.) 공동체 내의 구성원들은 타자의 이야기를 듣고 공감함으로써 자신의 기억을 반추한다. 〈메모리〉 속 인물들이 기억하는 것은 타자를 통한 자기 경험이다. 이를 통해 공동체는 곧 '우리'가 되고 '서로'는 '스스로'가 될 수 있다.

영화가 말하는 기억의 또 하나의 형상은 '경청'이다. 트라우마와 추억에 얽힌 각자의 사연들을 경청해주고 기억해 주는 일. 사울은 자신을 소아성애범으로 몰아붙였던 실비아가 자신의 망상에 대해 사과하자 그녀를 추궁하지 않고 그녀의 사연을 경청하기 시작한다. "당신이 한 이야기 기억하게 좀 적어도 돼요?" 당신의 아픔을 최선을 다해 기억하려 한다. 기억(메모리)이라는 제목의 이 영화에서 사랑의 감정이 싹트기 시작한 건 아마도 이 순간부터였던 것 같다. 맘새 비글 및을지언정 결코 실비아의 문을 함부로 열고 들어오지 않았을 때부터 실비아의 마음의 문의 빗장은 서서히 열리고 있었던 것 같다.

프랑코의 영화 속 인물들은 늘 세계로부터 괴물로 낙인찍힌 징후적 인간들이지만, 그럼에도 그의 영화는 괴물을 찍는 영화가 아니다. 괴물이 되지 않으려는 인간의 인간다움과 품위를 찍는 영화다. 영화는 망상과 망각이라는 극단적인 상황의 스토리텔링이 아니라, 사울과 실비아 두 사람이 서로의 감정에 다가가며 마음을 여는 과정의 섬세한 디테일을 보는 영화다. 고통스런 기억은 시간 속에서 인간에게 트라우마라는 끔찍한 형상으로 남지만, 서로의 기억을 경청하고 존중하며 공감하고 이해하려는 태도는 그 자체로 돌봄의 시작이다. 이 장면 이후로 두 사람은 점차 서로를 돌보는 존재가 되어간다. 영화의 많은 장면들은 서로 사랑하는 이들이 그들의 현재를 기억하려는 듯 멀리서 찍은 사진의 구도로 되어있다. 이는 실비아가 운동장에서 애나를 걱정스레 지켜보는 구도이며, 애나가 문을 닫고 들어가는 실비아를 안타깝게 바라보는 구도이고, 두 모녀가 가장 행복한 한때 식당에서 사진을 찍던 구도다. 〈메모리〉는 과거의 기억과 다가오는 미래 사이에서 반짝, 하고 사라지는 현재의 찰나들을 끊임없이 포착해 남겨두려는 것 같다. 무엇을 기억하라는 것일까.

8장
<조커> 좋아하세요?
: 괴물들의 작품을 보고 괴물이 되지 않기

| 김현승 |

1) 사랑한다, 사랑하지 않는다.

2017년 11월, 미국 문학잡지 《The Paris Review》에 실린 짧은 에세이 한 편이 온라인을 뜨겁게 달궜다. 글의 제목은 「괴물 같은 남성들의 예술을 어떻게 대할 것인가?」. 페미니스트 비평가 클레어 데더러는 이 글에서, 악랄한 남성 예술가들의 작품에 열광했던 자기 자신을 비참한 심정으로 되돌아본다.[1]

나는 폴란스키의 중죄를 익히 알고 있으면서도 여전히 그의 작품을 소비할 수 있었다. 아니 소비하고 싶었다. … 폴란스키의 범죄를 자

---

[1] 클레어 데더러, 「What Do We Do with the Art of Monstrous Men?」, 《The Paris Review》, 2017.11.20. https://www.theparisreview.org/blog/2017/11/20/art-monstrous-men/

세히 알게 된 지금 이 영화에 대한 나의 평가가 180도 바뀔 것이라
예상했으나 그런 일은 일어나지 않았다. 그 지식은 그냥 어딘가에 떠
돌고 있을 뿐이었다.[2]

한순간에 우상을 잃은 그녀의 문장에는 참담함과 무력감이 배어
있다. 이는 뉴스와 SNS를 통해 수많은 스타의 몰락을 실시간으로 지
켜본 우리에게도 익숙한 감정이다.[3] "나는 의식 있는 소비자이자 바
람직한 페미니스트가 되고 싶었지만, 그와 동시에 예술이라는 세계
의 시민이 되고 싶었고, 교양 없는 속물의 반대편에 서고 싶었다."[4]
데더러의 담담한 고백이 진정성을 띠는 이유는, 누구나 한 번쯤 '좋
아해서는 안 될 대상'과 사랑에 빠졌던 경험이 있기 때문이다. 애정
을 쏟던 아티스트가 사회적으로 용납될 수 없는 만행을 저지를 때,
팬들의 반응은 대개 두 갈래로 나뉜다. 악마 같은 예술가를 캔슬하여
'정의'의 편에 서거나, 창작자와 작품을 과감히 분리하여 검붉은 진실
이 작품 안으로 스며드는 것을 차단하는 식이다.

로만 폴란스키로 포문을 연 데더러는 우디 앨런과 마이클 잭슨까
지 한 시대를 풍미한 동시대 예술가를 차례로 호명한다. 연이은 추문
에 상처를 입은 그녀는 '괴물'을 새롭게 정의 내리기에 이른다. 이제
데더러에게 괴물이란 "특정 행동으로 인해 우리가 어떤 작품을 작품

---

2 클레어 데더러, 노지양 역, 『괴물들』, 을유문화사, 2024, p17~19
   저자가 직접 《The Paris Review》에 기고한 글을 확장한 책이다.
3 데더러는 '우리'라는 표현이 지닌 한계를 지적했다. 이 글은 그의 생각을 존중하여
   최대한 '우리'라는 표현을 지양했지만, 필자의 경험이 충분히 공감을 형성할 수 있다
   고 판단될 때는 에세이적인 글쓰기에 갇히지 않기 위해 '우리'라고 표현했다.
4 위의 책, p18

자체로 이해하지 못하게 방해하는 사람"을 뜻한다.[5] 예술가 본인만이 괴물이 될 수 있는 것은 아니다. 영화 제작 과정에서 아동이나 동물이 학대에 가까운 고통을 겪거나, 제작진이 정당한 임금을 지불받지 못했다는 폭로 또한 작품에 대한 온전한 감상을 방해한다. 어린 나이의 배우에게 체중 감량을 위해 필로폰을 먹이고, 각성제와 수면제를 번갈아 투약하며 강도 높은 일정을 소화하게 만든 〈오즈의 마법사〉(1939, 빅터 플레밍)는 이 분야에서 가장 악명 높은 사례이다.

'괴물'의 사례를 찾기 위해 먼 나라까지 눈을 돌릴 필요도 없다. 봉준호보다 7년 앞서 세계 3대 영화제의 최고상을 받은 김기덕은 '날것 그대로의 연출'로 평단의 찬사를 받았다. 그러나 그가 촬영 현장 안팎에서 권력형 성범죄를 저질렀다는 추악한 진실이 밝혀지며 그 영예는 오래 지속되지 못했다. 얼마 지나지 않아 김기덕은 라트비아에서 불우한 최후를 맞이했고, 현재 그의 작품 세계를 방문하는 사람은 평론가와 일반 관객을 통틀어 전무한 수준이다. 김기덕을 한국의 로만 폴란스키에 비유할 수 있다면, 법의 테두리 안에서 사회적 물의를 일으킨 우디 앨런은 홍상수를 연상시킨다. 차분하고 위트 있는 대사, 자질구레한 인간 군상 위주의 이야기, 무기력한 남성 주인공을 앞세운 '작가주의' 성향까지. 두 감독을 둘러싼 우연의 일치가 기묘하게 느껴질 정도이다.

이때 소위 '작가주의적' 성향의 작품일수록 그 감상과 평가에 예술가의 실제 삶이 강하게 반영되는 경향에 주목할 수 있다. 홍상수라는

---

5 위의 책, p65

이름은 그의 작품 세계 전체를 아우르는 일종의 '고유명사'로 받아들여진다. 모든 작품이 '홍상수'라는 거대 항성을 중심으로 공전한다는 점에서 이 '이름값'이 지닌 중력은 막강하다. 홍상수의 작품을 변호하기 위해, 혹은 그의 작품에 열광했던 자기 자신을 정당화하기 위해 팬들은 감독 홍상수와 현실의 홍상수를 구분하는 지경에 이른다. 작품 표면에 모습을 드러내지 않는 영화감독은 다른 예술가에 비해 이와 같은 구분이 비교적 쉬운 편에 속한다.[6] 또한 한 편의 영화는 제작 과정에서 많은 사람의 손을 거친다. 김곡 같은 이론가는 영화 스태프의 '선험적 다수성'을 근거로 "고유명사로서의 영화감독은 실재하지 않는다"는 주장을 펼치기도 한다.[7]

그러나 이것만으로 작품에 얼룩진 예술가의 오점이 말끔히 사라지는 것은 아니다. 현실에서 괴물의 '이름값'이 여전히 작품 수용에 지대한 영향을 미치는 이상, 그 이름이 지닌 무게 또한 견뎌내야 한다. 무엇보다 '홍상수'라는 이름을 사랑하는 사람일수록 현실에 초연한 모습을 보이는 감독의 예술가적 기질에 매료되었음을 부정할 수는 없다. 그의 선택을 반면교사 삼든, 그에게서 나의 부적절한 모습을 발견하든, 부끄럽게도 나는 그의 작품을 사랑하는 방식 그대로 그의 삶을 사랑한다.

---

6 이와 관련해서는 오정연 감독의 〈성덕〉(2021)을 살펴보자. 무대에 모습을 드러내는 예술가일수록, 작품의 내용만큼이나 행위의 주체는 중요한 문제이며, 심지어 '무엇을' 하냐보다 '누가' 하냐가 훨씬 중요할 때가 많다.

7 김곡, 『영화란 무엇인가에 관한 15가지 질문』, 갈무리, 2019, p81~94
김곡에 따르면, '위대한' 영화감독은 실재하지 않는다. 스태프와 기계들, 담론과 문맥에 둘러쌓였을 때만 비로소 존재하는 감독은 결코 "개인으로서는 존재하지 않는다." 오히려 영화감독은 무수한 기계와 사람 사이에서 '틈존(闖存)'한다.

2012년 베니스 영화제 황금사자상을 거머쥔 김기덕 감독 ⓒ IMDB

걷잡을 수 없이 번진 캔슬의 화마는 때로 창작자를 넘어 작품을 향유하는 팬들을 향한다. 영화 평가 어플에서 심심치 않게 발견할 수 있는 "〈조커〉에 5점을 준 남자는 걸러라"는 말이 대표적이다. 2012년, 미국 콜로라도 극장에서 자신을 조커라고 주장하는 한 남성이 무고한 시민들을 향해 총기를 난사했고, 모방 범죄에 대한 우려가 전 세계 극장을 공포로 몰아넣었다. 경찰에 이어 육군과 연방수사국(FBI)까지 합세하여 경계령을 내릴 정도였다. 비록 총기 난사는 〈조커〉(2019, 토드 필립스)가 아닌 〈다크 나이트 라이즈〉(2012, 크리스토퍼 놀란) 상영 중에 발생했지만, 이 사건은 아서 플렉(호아킨 피닉스)에 자아를 의탁하는 '인셀'들의 위험성을 보여주는 '명백한' 증거로 작용한다. '잠재적 가해자'와 같은 강력한 사회적 워딩이 더해지면서, 〈조커〉에 대한 평가는 영화 자체보다는 외적인 요소에 치중되기 시작한다.

〈조커〉의 지지자를 향한 비난에 비하면 수위는 사뭇 다르지만, 홍상수의 영화를 좋아하는 남자 또한 자기 연민에 빠져 있다는 이유로

베를린 영화제에서 3년 연속 은곰상을 수상한 홍상수 감독 ⓒ IMDB

'걸러진다'. 특히 감독의 불륜 스캔들이 보도된 직후에는 그의 영화에 노골적인 반감을 드러내며 다른 사람의 별점을 일일이 검열하는 사람들이 급증했다. 이 외에도 목적을 불문하고 여성의 나체를 스크린에 전시하는 남성 감독과 그의 팬들,[8] 여성주의를 표방하는 작품에 '영혼을 보내는' 이들을 향한 무차별적인 비난은 사회의 선입견을 그대로 반영하고 또 강화한다. 심지어 모 영화는 주연 배우의 남동생이 군대에서 가혹행위를 저질렀다는 죄목 아래 개봉 전부터 불매운동에 휩싸이기도 했다. 창작자도, 제작자도, 배우도 아닌 배우의 가족으로

---

8   이런 유의 영화들은 종종 '백남 감독의 창녀 페티쉬'로 평가절하된다. 최근 〈아노라〉
    (2024)를 연출한 숀 베이커 감독이 대표적이다. 평론가 리타는 《씨네21》 30주년 특
    집 기획 글에서 〈아노라〉의 오스카 여우주연상 수상을 둘러싼 논란에 대해 안타까움
    을 표했다.

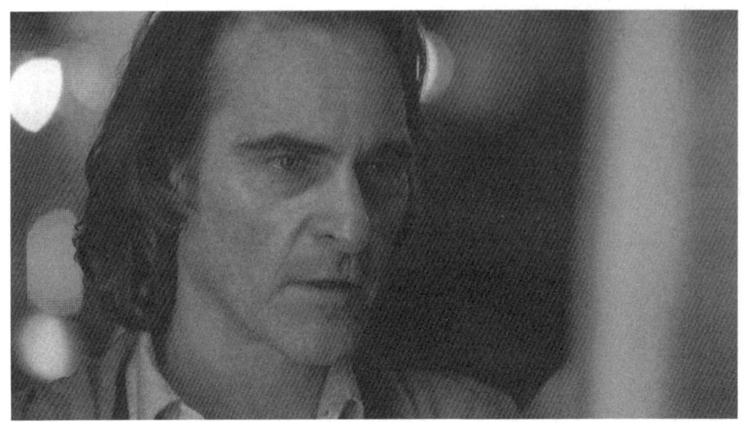

영화 〈조커〉의 아서 플랙(호아킨 피닉스) ⓒ IMDB

잡음이 발생하자 네티즌들은 두 편으로 나뉘어 서로를 헐뜯었다. 영화와 현실의 경계를 명쾌하게 정리하는 기준은 앞으로도 그어지지 않을 테니, 이 지겹도록 소모적인 논쟁도 영원히 계속될 것으로 보인다.

타인의 감정에 옳고 그름을 따질 수 있을까? 한쪽에는 분노에 휩싸여 파렴치한 범죄자의 모든 예술적 성취를 부정하고 싶은 이들이 있고, 다른 쪽에는 그들의 작품 앞에서 남몰래 감동의 눈물을 훔치는 이들이 있다. 감정의 무게를 비교해 어느 쪽이 더 진실한 감정이라고 판단할 수도 없는 노릇이다. 데더러는 괴물을 "특정 행동으로 인해 우리가 어떤 작품을 작품 자체로 이해하지 못하게 방해하는 사람"이라 정의했다. 작품 외적인 요소가 점점 더 작품 내부로 침투하는 시대에 괴물은 더 이상 스크린 너머에만 머무르지 않는다.[9] 괴물의 영

---

9 작품 '외적인' 요소가 정말로 작품 '외적인' 것인지, 그 경계에 대해서도 되물을 필요

영화 〈바비〉의 바비(마고 로비) ⓒ IMDB

화를 본 관객도, 보지 않은 관객도 언제든 또 다른 괴물로 돌변할 수 있다.

단 하나의 잣대만으로 작품의 모든 요소를 재단하는 이분법은, 언제든 새로운 폭력으로 번질 수 있는 전체주의적 사고의 징후와 같다. 영화가 '만드는' 세계와 영화가 '만들어진' 세계를 잇는 시도는 작품에 대한 폭넓은 이해를 가능하게 만든다는 점에서 바람직하다. 그러나 불균형한 시선은 결국 영화를 둘러싼 생태계 전체를 무너뜨린다. 데더러는 예술 작품을 소비하는 행위를 두 사람의 인생이 만나는 일이라고 말했다. "예술가의 인생이 예술의 소비를 방해할 수도 있고 한 관객의 인생이 예술 감상의 경험을 완전히 바꿀 수도 있다."[10] 예

가 있다. 이와 관련해서는 영화를 둘러싼 세 가지 '생태계'의 유기성을 다룬 에이드리언 이바키브의 글을 참고하라.

10   클레어 데더러, 노지양 역, 『괴물들』, 을유문화사, 2024, p309

술은 언제나 다종다양한 관객의 삶을 마주하며 그 생명력을 유지한
다. 내 편 아니면 네 편이라는 식의 흑백 논리는 관객 개개인이 펼쳐
보일 수 있는 사유의 흐름을 차단하고, 영화가 품고 있는 풍성함을
몇몇 거대 담론으로 환원시킨다. 최근 씨네필들 사이에서 논쟁의 중
심에 섰던 두 편의 영화를 통해 '괴물' 같은 관람 방식의 위험성을 되
돌아보자. 괴물들이 서로를 물어뜯는 전장의 이름은 〈조커〉와 〈바
비〉(2023, 그레타 거윅)다.

2) 〈조커〉, 하층 노동자에서 인셀의 왕까지

2019년은 봉준호 감독의 〈기생충〉이 한국 영화의 새로운 지표를
세운 해다. 하지만 그해 가장 논쟁적이고 잡음이 많았던 영화는 단연
코 〈조커〉였다. 한 편의 영화를 둘러싼 상반된 평가는 영화라는 매체
가 지닌 사회적 파급력을 여실히 드러낸다. 그리고 2024년, 토드 필
립스 감독은 5년 만에 〈조커〉의 후속작을 내놓았다. 〈조커 2〉(2024,
토드 필립스)를 보고 난 직후 가장 먼저 떠오른 작품은 2주 전에 개
봉한 〈베테랑 2〉(2024, 류승완)였다. 혼돈 속에서 태어나 세계를 파
괴하려는 악당과 법의 허점을 교묘히 파고드는 범죄자 일당을 소탕
하는 경찰. 두 사람은 선악의 양극단에 서 있지만, 관객이 그들의 이
야기에 귀를 기울이고 특히 그들이 행사하는 폭력에 매혹된다는 점
에서 두 캐릭터는 절묘한 거울상을 이룬다.

그렇다면 두 영화의 후속작은 어떤가? 〈조커 2〉와 〈베테랑 2〉는
이번에도 구조적인 대칭을 이루지만, 객석의 환호성은 예전 같지 않

다. 전작에 대한 비판을 의식한 듯 관객을 끌어당기던 시네마의 활력은 목적지를 잃고 방황한다. 관객 수가 미학적 완성도를 담보하진 않지만, 두 속편 모두 전작에 비해 예술적 성취가 떨어져 보이는 것은 사실이다. 작품이 사회에 미친 영향을 돌아보는 작업이 필요했더라도, 영화 외적인 맥락에 지나치게 치중한 흔적은 아쉬움을 남긴다. 자기반성의 시작점으로 되돌아 가보자. 〈조커〉에는 도대체 무슨 일이 있었던 걸까?

〈조커〉의 줄거리는 다음과 같이 요약할 수 있다. 홀어머니와 단둘이 살아가던 백인 남성 노동자 아서 플랙이 부당한 상황을 연달아 마주한다. 간신히 삶을 이어나가던 그는 운 좋게 TV 쇼에 출연해 코미디언의 꿈을 실현할 기회를 얻게 된다. 그러나 하층민 출신의 우스꽝스러운 광대는 미디어에 의해 웃음거리로 전락하고, 분노에 휩싸인 그는 살육이라는 극단적인 방식으로 자아를 실현하기에 이른다. 이 과정에서 고담시의 시민들이 폭동에 합세하고, 조커는 계급 투쟁의 상징적인 인물로 등극한다. 정확히는 인물도 아니다. 조커의 주변을 맴도는 대중들은 그의 정체를 알지도, 알고 싶어하지도 않는다. 그저 부조리한 사회 구조에 균열을 일으킬 도화선으로서의 아이콘이 필요했을 뿐이다.

호아킨 피닉스는 고독에 잠식되어 비정상적으로 부풀어 오른 남성적 자아를 연기하며 영화를 압도했고, 그해 남우주연상을 휩쓸었다. 그가 아서 플렉 역에 적합한 배우였던 이유는 단지 그의 음울하고 엄정한 무표정 때문만이 아니다. 환경 보호를 외치면서도 전용기를 타고 다니는 할리우드의 위선을 정면으로 비판하는 대담함 역시 그를 조커로 만드는 데 일조했다. 〈조커〉가 작품성을 인정받은 이유

첫 살인을 저지른 뒤 기묘한 음악에 맞춰 춤을 추는 아서 플렉(호아킨 피닉스) ⓒ IMDB

는 '슈퍼히어로'라는 보편적으로 승인된 (위)선의 가면을 과감히 벗겨냈다는 데에 있기 때문이다.

DC코믹스의 '배트맨'은 영화사에서 가장 많이 리메이크된 시리즈 중 하나지만, 반-영웅을 전면에 내세운 시도는 토드 필립스의 〈조커〉가 최초다. 원작의 선악 구도를 전복하여 웨인 가문을 일종의 타도해야 할 기득권으로 묘사한 점은 〈조커〉가 지닌 가장 흥미로운 트위스트다. 브렛 컬런이 연기한 토마스 웨인은 권위적이지만, 하층민에게 직접적인 폭력을 행사하지는 않았다. 그러나 빈민을 향한 그의 경멸 어린 언사("정신 나간 광대")는 상류층에 대한 반감을 고조시켰고, 결국 시위대에 의해 허망한 최후를 맞이한다. 이 사건이 원작에서 배트맨이라는 영웅이 탄생하는 직접적인 계기라는 점을 상기한다면, 영웅 신화를 뿌리부터 뒤흔드려는 〈조커〉의 대담함을 실감할 수 있다.

하지만 〈조커〉가 아서 플렉의 폭력에 정당성을 부여하지 않는다
는 점을 명심해야 한다. 정당화된 폭력은 안심하고 소비할 수 있는
오락적 쾌감을 제공하지만, 〈조커〉는 관객에게 이를 허락하지 않는
다. 물론 아서 플렉의 첫 살인이 금융업에 종사하는 백인 기득권을
향한다는 점에서 단순한 계급적 분노로 읽을 가능성도 열려 있지만,
정작 그는 기회가 있었음에도 토마스 웨인을 살해하지 않았다. 자신
의 어머니와 전 직장 동료를 해치는 광기 어린 행보는 점점 더 관객
과의 심리적 거리를 벌린다. 무엇보다 영화는 매 살인 장면을 지독히
도 사실적이고 우울하게 그려냈다. 박지훈 평론가의 말처럼 "사실적
으로 그려진 폭력은 전혀 아름답지 않다. 기괴하거나 혹은 피로할 뿐
이다."11)

〈조커〉는 의도적으로 서사 전반에 짙은 안개를 드리운다. 우리는
아서 플렉이 토마스 웨인의 아들인지, 어디까지가 현실이고 어디서
부터가 그의 망상인지를 명확히 구분할 수 없다. 그가 웃음을 터트릴
때도 웃음의 진위에 관한 판단은 언제나 유보된다. 또한 영화는 막이
내릴 때까지 가장 중요한 질문을 미결로 남겨둔다. 아서 플렉을 괴물
로 만든 직접적인 원인은 무엇인가? 동네 아이들에게 폭행을 당한 뒤
화면을 가득 채우는 타이틀(Joker)이 떠오른다. 온갖 수모를 겪은 그
가 방아쇠를 당기게 만든 원인은 자본주의 체계의 부당함일 수도 있
고, 정신질환자에 대한 복지 지원을 끊은 정부의 책임일 수도 있다.
혹은 타인을 함부로 웃음거리로 소비하는 미디어의 폭력성, 학대를

11　박지훈, "〈조커〉의 폭력을 어떻게 읽을 것인가의 문제와 우리 시대의 문제", 《씨네
　　21》, 2019.10.17. https://cine21.com/news/view/?mag_id=94058

방관한 어머니, 아름다운 여성을 품에 안고 싶은 비루한 남성의 욕동, 불친절한 직장 동료일 수도 있다. 물론 이 모든 것이 복합적으로 작용했을 수도, 그 어느 것도 아닐 수도 있다. 분명한 사실은 괴물은 이미 탄생했고, 이제 그 괴물이 흥겹게 계단을 내려와 세상을 향해 총구를 겨누고 있다는 사실이다.

⟨조커⟩는 관객에게 총을 들고 일어나라고 선동하지 않는다. 그저 한 괴물이 탄생하는 과정을 집요하게 보여주며, 언제 어디서든 또 다른 괴물이 탄생할 수 있음을 경고한다. 관객이 아서 플렉에게 연민을 느꼈다면, 그 이유는 명확하다. 그가 사람들 앞에서 조롱당할 때 느껴지는 동질감은 웃음을 강요받는 시대에 고통받는 우리 자신의 처지에서 비롯된다. 그가 법의 벨트를 풀어 헤칠 때 솟구치는 해방감은 우리 마음속 어딘가에 웅크리고 있는 악을 정면으로 비춘다. 우리에게 필요한 것은 가능한 많은 위험 요소를 줄여 또 다른 괴물의 탄생을 막을 사회적 대책이다.

김병규 평론가는 자신의 글에서 ⟨조커⟩를 비판하면서도 "영화에 관한 주요한 질문은 이성애자 백인 남성이 자행하는 폭력 자체의 정치성이 아니라 의도적으로 선택된 그 과잉이 발산하는 불화를 향해야 한다"라고 지적했다.[12] 정확한 통찰이다. 하지만 현실은 어떠한가? 광대라는 외양에서도 알 수 있듯, 아서 플렉은 마틴 스콜세지의 ⟨코미디의 왕⟩(1982) 속 루퍼트 펍킨(로버트 드니로)의 고뇌를 계승한다. 그러나 정작 현실에서 ⟨조커⟩가 소환되는 맥락은 ⟨파이트 클

---

12 김병규, "⟨조커⟩의 폭력, 엉성한 난장", 《씨네21》, 2019.10.17.
　　https://cine21.com/news/view/?mag_id=94059

가면을 쓴 고담 시민(남성)들에 둘러싸인 반-영웅의 탄생 ⓒ IMDB

럽〉(1999)의 유산을 이어받아 〈소년의 시간〉(2025)으로 나아가는 '인셀' 문화의 정중앙이다. 방점은 언제나 찌질한 '이성애자 백인 남성'에 찍혀 있다. 모든 대화가 젠더 담론으로 환원되는 문화적 흐름은 성염색체와 무관한 모든 논의를 납작하게 만들어버리는 한계를 지닌다.

물론 아서 플렉이 인셀의 왕이 되기까지 영화의 책임이 없다고 말할 수는 없다. 예컨대 시민들의 도움으로 경찰차에서 구출된 그가 모두의 앞에서 춤사위를 선보이는 영화의 마지막 장면은 남성적인 포효로 가득하다. 시위대를 비추는 뉴스 영상에서는 분노한 여성 하층민의 모습이 스쳐 지나갔지만, 정작 지하 세계의 구원자가 강림하는 순간에 〈조커〉는 스스로를 젠더의 틀 안에 가둔다. 이는 성별의 구분 없이 오직 계급만으로 등장인물을 분류했던 〈뉴 오더〉(2020, 미셸 프랑코)와 선명히 대비되는 지점이다.

그럼에도 〈조커〉가 표방하는 과잉의 수사학과 의도적으로 펼쳐 보이는 난장, 그리고 작품이 지닌 반동성에 찬반을 제기하기 위해서는 우선 작품을 작품 자체로'도' 바라볼 수 있는 균형 잡힌 시선이 전제되어야 한다. 클레어 데더러가 '남성 거세 결사단(S.C.U.M)'을 결성한 밸러리 솔라나스를 보며 말한다. "이 남자들의 범죄에 이토록 사로잡혀 있을 때 내 눈을 가리는 것은 무엇인가? 내가 괴물 남자들을 괴물화할 때 보지 못하는 것은 무엇인가?"[13]

3) 〈바비〉, 젠더 담론에 가려진 '핑크 머니'

2023년, 부산 영화의 전당 공식 인스타그램에 게시된 리뷰 한 편이 네티즌들의 공분을 샀다. 해당 글은 20대 초반 남성으로 추정되는 서포터즈에 의해 작성된 것으로, 영화 〈바비〉에 대한 지극히 주관적인 감상이 담겨 있었다.

> (영화의) 가장 큰 장점은 바로 '켄'이었습니다! 그 중 라이언 고슬링과 시무 리우가 압권으로, 바비들보다 '켄'이 나올 때 배꼽이 빠질 것 같이 웃겼습니다. 영화 제목을 '켄'으로 바꾸는 게 더 어울릴 정도로 '켄'의 존재감은 매우 큽니다. … 다만 지나칠 정도로 바보 같이 나오는 남성 캐릭터와 후반부에 쉴새 없이 몰아치는 메시지는 아쉬웠습니다. 충분히 연출로 다듬을 수 있는데도 그러지 않았다는 것은 감점 포인트라고 생각합니다.

---

13 위의 책, p276

〈2001: 스페이스 오디세이〉(1968)를 오마주한 〈바비〉의 오프닝 시퀀스 스틸컷 ⓒ IMDB

그레타 거윅의 작품 세계에 감흥이 없었다는 서두부터 영화 제목을 켄으로 바꾸자는 제안까지. 짧은 글이었지만 충성도가 높은 그레타 거윅의 팬들을 자극하기엔 충분했다. 트위터를 비롯한 SNS에서 논란이 가열되자 영화의 전당 측은 해당 게시물을 삭제하고 사과문을 게시했다. 〈바비〉를 둘러싼 해프닝은 이동진 평론가의 코멘트에서도 계속됐다. 그가 2.5점이라는 비교적 낮은 별점을 매기자, 한 익명의 이용자가 '역시 이동진은 페미를 싫어하는 게 확실하다'는 비아냥 섞인 댓글을 남긴 것이다. 이동진은 "전혀 맥이 닿지 않는 댓글을 달고 계신다고" 반박했지만, 댓글 창은 곧 총성 없는 전쟁터로 변질되고 말았다. 이 일련의 사건은 오늘날 영화 관객들 사이에 유행처럼 번진 '사상 검증' 문화를 압축적으로 드러낸다. 작품에 대한 취향은 곧 정치적 입장으로, 별점은 곧 이념의 잣대로 환원되는 것이다.

영화의 내용을 살펴보자. 바비 인형을 소재로 페미니즘을 논하겠다는 영화의 기획은 언뜻 어불성설처럼 들릴 수 있다. 금발에 비현실적인 몸매를 지닌 이 인형은 이미 여성의 몸에 '표준'을 강요한다는 논란으로 얼룩져 있지 않은가. 개봉 전부터 제기된 우려에 그레타 거윅이 선택한 방식은 정면 돌파다. "아기 인형만 있었을 때 여자아이들은 엄마 역할밖에 할 수 없었어요. 바비 인형이 등장하면서부터 그들은 무엇이든 될 수 있었죠." 스탠리 큐브릭을 오마주한 오프닝 시퀀스는 영리하게도 바비 인형을 자신이 원하는 커리어와 몸매를 선택하는 주체적인 여성의 아이콘으로 전환한다. 이를 반영하듯 현실 세계를 착실하게 미러링한 '바비랜드'는 삶의 방식을 자신이 직접 선택할 수 있는 행복한 여성들로 가득하다.

영화는 가부장제에 심취한 우스꽝스러운 남성들의 모습을 풍자하면서도, 바비 인형이 여성의 삶에 미친 부정적 영향을 회피하지 않는다. "바비는 여성을 성적으로 상품화했고, 페미니즘을 50년은 퇴보시켰다"는 담대한 대사에서 우리는 감독이 마주한 고민의 흔적들을 엿볼 수 있다. 그레타 거윅은 페미니즘 내부의 딜레마를 외면하지 않았고, 끝내 여성주의의 변천 과정을 바비 인형 안에 녹여내는 데 성공한다. 〈바비〉의 내용은 '전형적인(stereotypical) 바비'가 '평범한(ordinary) 바비'로 거듭나는 과정으로 요약할 수 있다. 이로써 영화는 "꼭 무언가가 되지 않아도 나는 나여서 소중하다"는 교훈을 남긴다.

줄거리를 보고 나면, 영화의 전당 서포터즈가 남긴 리뷰가 너숙의아하게 다가온다. 〈바비〉는 최근 개봉한 상업 영화 중 가장 노골적으로 여성 서사를 전면에 내세운 작품이다. 여성주의를 대놓고 표방하는 영화의 가장 큰 장점을 남성 캐릭터라고 말하고, 심지어 제목을 '켄'이라고 바꾸자고 주장하는 것은 일종의 오독에 가깝다.

그런데, 과연 그의 리뷰가 '옳지 않다'고 말할 수 있을까? 젠더 전

조금 모자란 켄(라이언 고슬링)을 바라보는 바비(마고 로비) © IMDB

복을 시도하는 작품을 남성 중심적인 시선으로 재배치하자는 식의 주장은 분명 설득력이 떨어진다. 하지만 다시 한번 질문을 던져보자. 우리는 그가 영화를 보고 느낀 감정을 억압해야 할까? 혹시 그는 실수로 '잘못된 감정'을 느낀 것일까? 앞서 인용한 클레어 데더러의 말처럼, 영화 감상은 창작자와 관객이라는 두 세계가 만나는 일이다. 20대 초반으로 추정되는 남성이 오직 자신의 경험만으로 영화를 바라본 것은 대단히 아쉽지만, 영화 속 켄(라이언 고슬링)이 일으킨 소동들을 떠올려보면 충분히 벌어질 수 있는 해프닝이다. 우리에겐 가부장제를 전염시킨 켄조차 품어낸 바비의 너그러움이 필요하다.

그렇다면 소모적인 논쟁에 몰두하느라 우리가 〈바비〉에서 보지 못한 것은 무엇인가? 그레타 거윅은 '바비 인형'이라는 상업적 아이콘이 갖는 한계를 누구보다 잘 알고 있음에도, 도망치지 않고 영화를 만들었다. 감독의 위트는 영화가 은연중에 비추는 '경제' 문제에서 빛을 발한다. 사회 구조의 모순을 추적하다 보면 그 이면에는 언제나 자본의 흐름이 존재한다. 실리콘밸리 기업의 임직원들이 뜬금없이 LGBT 페스티벌에 참여하는 이유가 1006조 원에 달하는 '핑크머니'를 선점하기 위한 것처럼.

젠더 전복을 메인 콘셉트로 잡은 〈바비〉는 자본주의 체제의 병폐를 직접적으로 비판하지는 않지만, 그렇다고 이를 외면하지도 않는다. 영화는 자신이 놓친 부분을 몇 차례 되짚으며, 스스로를 자조하는 방식으로 서사를 이어간다. 임산부 바비와 프루스트 바비는 '판매량이 적다'는 이유로 단종되었고, 켄의 '매력만점 저택'이 매출을 견인하자 바비랜드의 권력은 곧장 그들에게로 이동한다. 모든 부서의 책임자가 남성인 마텔사는 오로지 이윤만을 중시하며, 영화 전체의 함의를 담은 '평범한 바비'마저 CEO의 판단 아래 '돈이 되기 때문에' 가능한 상품으로 묘사된다. 경제에 의한 최종심급에서의 결정이 새삼스러운 일은 아니지만, 그레타 거윅이 가장 깊이 고민한 지점들이 간과되는 듯해 아쉬움을 남긴다.

이 지점에서 장은수 평론가의 글은 중요한 통찰을 던진다. 문화일보에 실린 『괴물들』 리뷰에서 그는 다음과 같이 말한다.

문제는 이미 우리의 끈끈한 일부가 된 그 직품을 말끔히 삭제하는 게 불가능하다는 점이다. 사랑을 맺고 끊는 게 쉬우면, 애착이나 트라우마 같은 말이 존재할 리 없다. 서정주의 마술적 한국어는 그의 친일 행적을 안 다음에도 여전히 마음의 혀를 구르게 한다. 이게 우리 잘못은 아니다. 애증은 우리 삶의 기본 형태다. 우리도 누군가에게 괴물일 수 있음을 알기에, 우리는 끔찍하게 미워하는 이들과도 미움과 증오, 용서와 화해를 교차해 주고받으며 살아간다.

진짜 잘못은 괴물의 작품을 사랑한 우리가 아니다. 온갖 이유로 그를 면책하고 부추겨 큰돈을 챙긴 가부장제 자본이다. 따라서 윤리적 표백을 위해 한때 사랑했던 작품 앞에서 괴로워하며 모조리 삭제하고 취소하며 무찌르려 애쓸 이유는 없다. 차라리 그런 괴물을 지속해서 생산하는 사회 개혁에 눈 돌려야 한다. 문제는 언제나 사랑의 감정이 아니라 타락한 구조다.

세상엔 셀 수 없이 많은 괴물이 존재한다. 어떤 괴물은 '악마의 재능'으로 우리를 현혹하고, 어떤 괴물은 우리 안의 욕망과 맞닿아 있다. 우리가 그들에게 영혼을 빼앗기지 않기 위해 할 수 있는 일은, 그들을 맹목적으로 소비하거나 캔슬하는 것이 아니라, 그 괴물이 출몰하는 구조를 직시하고, 끝내 그 구조를 바꾸려는 노력을 멈추지 않는 것이다. 니체의 말처럼 괴물과 싸우는 사람은 그 싸움 속에서 스스로 괴물이 되지 않도록 주의해야 한다. 괴물성은 우리 속에도 늘 도사리고 있다. 우리에겐 리펜슈탈과 그리피스가 일궈놓은 예술적 성취를 건강한 담론으로 바꿔나갈 수 있는 지혜가 필요하다.

| 참고 자료 |

- 김병규, "〈조커〉의 폭력, 엉성한 난장",《씨네21》, 2019.10.17.
  https://cine21.com/news/view/?mag_id=94059

- 리타, 「한국 '페미니스트' 영화 '관객'은 이대로 괜찮은가?」,《씨네21》,
  2025.04.21.

- 박지훈, "〈조커〉의 폭력을 어떻게 읽을 것인가의 문제와 우리 시대의 문제",
  《씨네21》, 2019.10.17.
  https://cine21.com/news/view/?mag_id=94058

- 클레어 데더러, 「What Do We Do with the Art of Monstrous Men?」,
  《The Paris Review》, 2017.11.20.
  https://www.theparisreview.org/blog/2017/11/20/art-
  monstrous-men/

- 클레어 데더러, 노지양 역,『괴물들』, 을유문화사, 2024

| 원문 출처 |

이 글은『영화교육연구』19권 3호에 수록된 "영화를 둘러싼 세계(들) 속의 괴물"을 수정·보완한 것이다.

제4부

유토피아의 역습

9장 <원더랜드>와 <미키17>의
너무나 인간적인 괴물들
_ 송영애

10장 영화가 동시대 괴물에
대응하는 자세
: '미션 임파서블' 시리즈를 중심으로
_ 송상호

9장
<원더랜드>와 <미키17>의
너무나 인간적인 괴물들
| 송영애 |

1) SF영화가 드러내는 구조적 괴물성

영화에서 '괴물(monster)'은 단지 스크린 속에 기괴한 형상으로 등장하는 존재가 아니다. 괴물은 영화 서사와 이미지에만 머무르지 않고, 그 이면에 숨어서 조용히 작동한다. 괴물은 사회 시스템 안에서 정당화된 폭력으로 작동해 눈에 보이지 않는 힘으로 일상을 지배할 수 있기 때문이다. 즉, 영화 속 괴물은 단순한 형상을 넘어, 그 괴물을 만들어내는 사회 시스템으로까지 확장된다.

이 글이 주목하는 것은 바로 그런 '확장된 괴물성(monstrosity)', 즉 일상에서 작동하는 구조적 괴물이다. 괴물은 너무 익숙해 의심되지 않는 질서, 모두를 위한 것처럼 보이지만 누군가를 배제하는 시스템, 보편적 감정의 언어로 포장된 억압 등의 방식으로 작동할 수 있다. 겉으로는 '정상'과 '선의'처럼 보이지만, 그 내부에는 괴물이 잠복

김태용 감독의 〈원더랜드〉(2024) 포스터 ⓒ 네이버 영화

해 있을지 모른다. 이는 곧 포스트휴머니즘이 말하는 인간-비인간의 경계 재편이나 포스트식민주의가 비판해 온 타자화 구조에서 드러나는 징후라고도 할 수 있다.

이런 시선으로 볼 때, 김태용 감독의 〈원더랜드〉(2024)와 봉준호 감독의 〈미키17〉(2025)은 흥미로운 사례다. 기술이 인간을 자유롭게 하고 행복하게 해줄 것이라는 오랜 기대는, 영화 속에서 오히려 정교한 통제와 억압의 구조로 뒤바뀐다. 두 영화 모두 바로 '인간을 위해 설계된 기술'이 인간에게 괴물이 되는 징후를 보여준다.

〈원더랜드〉 속 복원된 존재와 〈미키17〉 속 복제된 존재는 모두 처음부터 대놓고 괴물로 그려지지는 않는다. 그보다는 미래를 배경으

[사진 2] 봉준호 감독의 〈미키17〉(2024) 포스터 ⓒ 네이버 영화

로 하여, 일상의 기술, 제도, 시스템 같은 구조에서 괴물성을 드러낸다. 이런 구조를 그려내는 데 SF 장르가 특히 효과적이다. 현실의 제약을 뛰어넘는 영화적 상상력은, 우리가 너무도 익숙하게 받아들였던 질서를 낯설게 만들고, 새롭게 구성해 볼 기회를 제공한다.

〈원더랜드〉는 죽은 사람을 인공지능으로 복원하는 가상 서비스 '원더랜드'를 중심으로, 상실이라는 감정이 어떻게 기술로 관리되는지를 보여준다. 이용자는 죽은 가족이나 연인을 복원해 영상통화를 하며 관계를 이어가고, 시스템은 이 복원된 존재들의 말과 행동을 정교하게 조정한다. 기억은 데이터화되고, 감정은 알고리즘을 따라 소환된다. 서비스는 이용자에게 위로를 제공하는 것처럼 보이지만, 실제로는 이별을 유예하고 감정을 통제하는 방식으로 작동한다. 복원된 존재들이 괴물로 다뤄지는 건 아니지만, 슬픔마저 첨단 기술로 설계되고 소비되는 이 기술 시스템 자체가 오히려 괴물처럼 보인다. 이런 시스템이 존재해도 되는 걸까? 정말 위로는 하는 걸까?

한편, 〈미키17〉은 외계 행성 탐사 과정에서 복제인간이 소모되는 시스템을 보여준다. 미키는 계약에 따라 방사능 지역 탐사나 백신 실험처럼 위험한 임무를 반복 수행한다. 죽을 때마다 저장된 기억은 복제된 육체에 이식된다. 그러나 열여섯 번이나 복제된 미키가 괴물 같은 존재로 그려지는 건 아니다. 그보다는 그를 다루는 기술 시스템에 의문을 제기한다. 시스템 안에서 미키는 인간이 아닌 '교체 가능한 자원'으로 다뤄진다. 효율과 생존이라는 명분 아래, 인간의 고유성과 존엄은 무시되는 것이다. 이런 시스템이 괜찮은 걸까? 정말 인간을 위한 걸까?

이 글은 〈원더랜드〉와 〈미키17〉이 공유하는 질문에 주목한다. '무엇이 인간적인가?', '정말 인간을 위한 것인가?' 미래를 배경으로 한 두 SF영화를 통해, 선의와 합법의 얼굴을 한 채 조용히 일상을 지배하는 괴물을 추적해 보고자 한다.

2) 기술로 위로하는 상실, 〈원더랜드〉의 괴물

〈원더랜드〉는 죽은 사람이나 의식이 없는 사람을 인공지능으로 복원해 주는 가상현실 원더랜드를 통해, 위로를 받는 사람들의 이야기를 다룬다. 이별한 사람과 재회할 수 있게 하는 이 서비스는, 상실의 아픔을 덜어주는 새로운 형태의 감정적 위로처럼 보인다. 모든 서

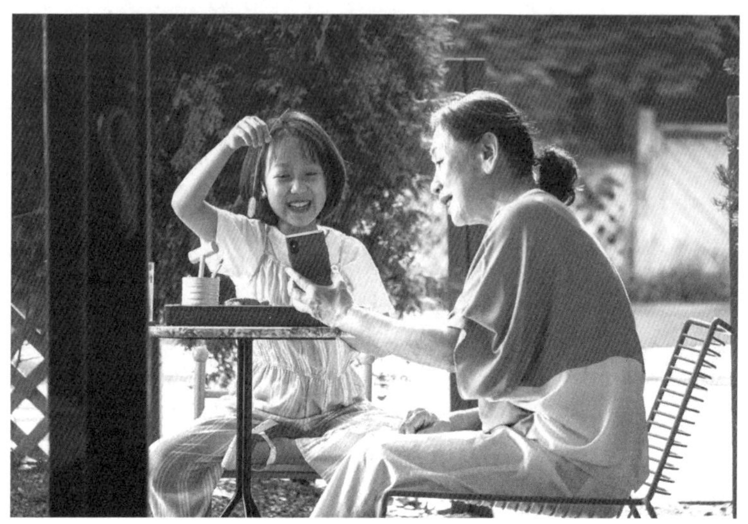

복원된 바이리와 통화 중인 딸과 엄마 ⓒ 네이버 영화

비스는 자발적 선택과 동의, 계약을 거쳐 이루어지며, 제도적으로도 합법적이다. 유사한 서비스들도 함께 언급되는 걸로 보아, 사회 전반에 보편화된 기술인 것 같다.

이 서비스를 선택한 인물들은 저마다의 사연을 갖고 있다. 정인(수지)은 의식불명 상태인 연인 태주(박보검)의 부재를 견디기 위해, 바이리(탕웨이)는 시한부 선고를 받은 뒤 어린 딸 바이지아(니가원)를 위해 원더랜드 서비스를 신청한다. 손자 진구(탕준상)를 잃은 할머니 정란(성병숙)은 손자의 생전 소원을 들어주기 위해 복원을 선택한다. 원더랜드 운영자 해리(정유미)도 이 시스템을 통해 복원된 부모와 일상을 나누고 있다.

이처럼 다양한 사연의 사람들이 복원된 존재와 수시로 영상통화

딸과 엄마와 통화 중인 복원된 바이리 ⓒ 네이버 영화

를 하며 일상을 이어간다. 운영자인 해리와 현수(최우식)는 신청자, 이용자, 복원된 이들을 모두 챙기며 세심하게 일하고 있다. 영화 초반까지 이 서비스는 정서적 안정과 위로를 제공하는, 선의의 인간적인 시스템처럼 보인다.

하지만 이 서비스가 정말 보이는 것만큼 인간적일까? 영화는 원더랜드 서비스를 이용하다 문제가 생긴 인물들의 모습을 따라가며, 이 질문을 서서히 던진다. 등장인물들이 괴물로 그려지지는 않지만, 그들을 둘러싼 구조적 괴물들이 등장하기 시작한다.

첫 번째 구조적 괴물은 정교하게 구축된 기술 발전에서 비롯된다. 최첨단 기술로 가능해진 서비스가 오히려 문제를 일으키기 시작한다. 감정은 관리 가능한 단위로 분할되고, 슬픔은 데이터화된 기억을 통해 소환된다. 감정은 상호작용이 아니라 알고리즘에 따라 작동하고, 애도는 유예되거나 삭제된다. 기술적 구조가 정밀해질수록, 감정의 진정성은 오히려 흐려지고, 일상에도 영향을 끼치기 시작한다.

고고학자라는 가상의 설정으로 복원된 바이리는, 딸과 소통하면서 점점 엄마로서의 존재감을 드러낸다. 그러다 딸을 직접 만나고 싶어진다. 엄마가 죽었다는 사실을 모르는 딸 역시 영상통화만으로는 부족하다. 그러나 둘은 현실에서 다시 만날 수 없다. 복원된 진구는 유학 중 할머니에게 고가의 자동차 등을 요구하고, 정란은 이를 들어주려고 무리하게 일하다 다친다. 정인과 태주의 관계도 꼬인다. 태주는 의식을 회복하지만, 정인은 복원된 태주와의 통화를 멈추지 못한다. 깨어난 현실 연인과 시스템이 재현한 '이상적인 연인' 사이에서 혼란을 겪게 된 것이다. 현실과 가상이 뒤섞이며 이들이 느끼는 감정은 점점 더 모호해진다. 이 서비스가 정말 위로를 주는 것일까? 오히려 새로운 혼란을 만들어내고 있는 것은 아닐까?

또 다른 구조적 괴물은, 복원된 존재를 속이는 시스템 설계에서 비롯된다. 복원된 존재들은 자신이 인공지능이라는 사실을 알지 못한다. 자신이 복원된 존재라는 걸 모른채, 가족, 연인과의 관계를 유지하기 위해 최선을 다한다. 태주는 정인의 일상을 걱정하며 우주 정거장에서 근무하고, 진구는 유학 생활을 이어간다. 바이리 역시 자신이 복제된 존재임을 모른 채 한국에 두고 온 딸을 그리워한다.

그 결과 이용자들은 복원된 이들과의 통화 속에서 점차 복잡한 감정을 겪게 된다. 원더랜드에서 함께하는 시간이 분명 행복하지만, 현실에 존재하는 '진짜'가 아니라는 사실은 피할 수 없다. 그렇다고 이 관계에서 느껴지는 감정이 모두 '가짜'인 것도 아니다. 이용자들은

'가짜일 수도 있는 진짜 감정'을 느끼면서, 복원된 존재를 속이고 있다는 죄책감과 미안함까지 겪게 된다. 이러한 딜레마는 관객에게도 고스란히 전이되고, 위로와 기만, 기쁨과 죄책감이 동시에 작동한다.

특히 바이리 모녀의 경우, 다른 인물들과 다르게, 딸도 엄마가 복원된 존재라는 걸 모른다. 모녀의 영상통화를 지켜보는 바이리의 어머니(니나 파우)만 알뿐이다. 두 모녀의 관계가 애틋해질수록 지켜보는 어머니는 더욱 괴롭다. 결국 서비스 종료를 요청하기에 이른다.

너무나 인간적으로 보이는 서비스는, 때로 감정의 경계를 흐리며 예기치 않은 방식으로 작동한다. 그 안에 이미 괴물성이 작동하고 있는지도 모른다. 원더랜드는 정말 인간적일까? 그 어느 서비스보다 비인간적이고 폭력적인 것은 아닐까?

3) 효율을 위한 복제, 〈미키17〉의 괴물

〈미키17〉은 복제 가능한 인간 '미키'를 중심으로, 외계 행성 개척을 추진하는 미래 사회를 그린다. 지구에서 사채업자의 협박에 시달리던 미키(로버트 패틴슨)는 '익스펜더블(Expendable)' 계약을 맺고 얼음 행성 니플하임 개척단에 지원한다. 도피가 주된 목적이었지만, 선택과 동의, 계약을 거쳐 시스템에 진입한 그는, 이후 열여섯 번의 죽음과 복제를 반복하며 극한의 임무를 수행한다.

방사능 지역 탐사, 외계 생명체 대응, 백신 검증 같은 위험한 작업은 모두 그의 몫이다. 시스템은 그를 반복적으로 소모한다. 그러나 미키는 '인류를 위한 일'이라는 명분 속에서 나름의 자부심을 느낀다.

사령관 마샬과 그에게 환호하는 우주선 탑승자들 ⓒ 네이버 영화

다른 탑승자들 또한 '인류 생존'이라는 대의를 공유하며 사령관 마샬을 중심으로 시스템에 협력한다. 그리고 미키는 반복 복제되는 삶 속에서도 연인 나샤(나오미 애키)와의 관계를 유지하며 일상을 이어간다. 이 우주선 공동체는 얼핏 보기엔 안정적이고 효율적으로 작동하는 시스템처럼 보인다.

그러나 니플하임에 도착하면서 균열이 발생한다. 죽은 줄 알았던 미키17이 살아 돌아오고, 새로운 복제체 미키18과 동시에 존재하게 되면서 혼란이 생긴다. 시스템은 이를 '오류'로 간주하고 둘 중 하나를 반드시 제거해야 한다고 판단한다. 법과 규정에 따라 정체성 중복은 허용되지 않기 때문이다. 시스템은 이들을 비정상적인 존재, 즉 괴물로 규정한다.

미키17과 미키18 ⓒ 네이버 영화

구조적 괴물성은 바로 이 지점에서 드러난다. 반복 가능한 생명, 교체 가능한 몸, 이식 가능한 기억이 당연하게 받아들여지는 세계에서, 생명은 법적으로도 더 이상 고유한 존재가 아니다. 그보다는 효율과 생존을 위한 자원으로 다뤄진다. 복제 계약은 자율적인 선택처럼 보이지만, 반복되는 죽음 앞에서 감정과 애도는 배제된다. 죽음은 하나의 절차로 관리될 뿐이다. 생명이 효율과 관리로 다뤄져도 되는 걸까? 이 구조는 정말 타당한가? 오히려 괴물이 아닐까?

괴물은 또 다른 방식으로도 드러난다. 니플하임과 그곳에 살고 있는 생명체 '크리퍼'를 대하는 태도에서도 마찬가지다. 인간에 의해 크리퍼라고 이름 붙여진 이 생명체는 사람을 해치는 위험한 타자, 제거의 대상으로 규정된다. 인간은 니플하임 정복을 목표로, 크리퍼 역시 일방적으로 통제하려 한다. 이는 과거 식민주의가 원주민을 야만적인 존재로 묘사하며 정복을 정당화했던 방식과 다르지 않다. 미래를 배경으로 한 이 영화 안에서도, 인간 중심의 식민주의적 상상력은 여전히 유효한 것이다.

그러나 영화는 이러한 괴물들에 저항한다. 후반부, 도로시(팻시 패런)는 크리퍼의 언어를 통역하는 기계를 만들어 소통의 가능성을 연다. 정복이 아닌 이해, 제거가 아닌 관계 맺기가 시작된 것이다. 더 나아가, 타자의 언어가 회복되는 순간이기도 하다. 동시에 미키의 지위 역시 바뀌기 시작한다. 복제인간의 권리를 요구하는 시도가 이어지고, 시스템 역시 변화의 조짐이 생긴다.

〈미키17〉은 묻는다. 반복되는 죽음과 복제, 통제, 그리고 정복은 정말 인류를 위한 것인가? 효율의 이름으로 관리되는 이 구조는 과연 인간적인가? 괴물은 기이하고 낯선 형상이 아니라, 정당해 보이는 시스템 속에 자리하고 있다가 변화의 가능성을 드러낸다. 미키들은 서로를 제거하지 않고 공존을 선택하고, 크리퍼와의 관계 역시 소통과 협력의 방향으로 나아간다. 관련된 법과 제도들도 바뀌기 시작한다. 정복을 당연하게 여기던 시스템 안에서 이 선택은 기존 질서를 넘어서는 가능성을 보여준다. 관객은 그 과정을 보며 스스로 고민하고 판단하게 된다.

〈미키17〉은 괴물성을 드러내는 데서 멈추지 않고, 변화의 과정도 함께 그린다. 〈원더랜드〉가 인물의 혼란을 지켜보며 관객이 스스로 질문하도록 유도한다면, 〈미키17〉은 이야기 속 인물들이 직접 문제를 인식하고 변화를 만들어가는 모습을 보여준다. 관객은 그 과정을 목격하면서, 동의하거나, 동의하지 않거나, 스스로 판단하게 된다.

4) 보이지 않는 괴물, 그 시각화 방식

〈원더랜드〉와 〈미키17〉이 다루는 괴물은 특정한 형상으로 드러나지 않지만, 인물들의 감정과 행동에 영향을 미치는 구조 속에서 조용히 작동한다. 이러한 구조는 시각화된 이미지, 특히 공간 구현 방식을 통해 관객에게 전달된다. 두 영화는 각기 다른 괴물을 다루는 만큼, 시각화하는 방식에서도 차이를 보인다.

〈원더랜드〉는 시각적으로도 구조적 괴물을 직접 드러내지 않는다. 대신 일정한 분위기를 유지하며 인물들이 느끼는 감정에 주목한다. 〈원더랜드〉가 보여주는 세계는 따뜻하고 익숙하다. 부드러운 파스텔톤과 은은한 조명은 감정적 안정감을 유도하며, 복원된 이와의 영상 통화는 일상의 일부처럼 자연스럽게 배치된다. 미래를 배경으로 하

할머니와 영상 통화 중인 진구 ⓒ 네이버 영화

원더랜드 사무실에서 근무 중인 운영자 해리와 현수 ⓒ 네이버 영화

지만, 흔히 떠올리는 사이버펑크적 미래 공간은 등장하지 않는다. 운영자들이 근무하는 사무실 역시 로봇이나 첨단 장비로 가득한 전형적인 공간과는 거리가 있다.

복원된 존재들이 머무는 공간은 대체로 자연과 가까우며, 그 덕분에 스크린 속 풍경은 더 생동감 있고 아름답게 느껴진다. 태주가 있는 우주 공간, 바이리가 머무는 사막도 위협적으로 보일 수 있는 공간이지만, 별빛과 햇살, 시장 골목이 만들어내는 정서 덕분에 오히려 따뜻하고 평화롭다.

〈원더랜드〉의 괴물성은 시각적으로 드러나지 않기 때문에, 오히려 더 큰 역설을 만든다. 아름답고 안전한 공간이 불편함과 의문을 감추고 있기 때문이다. 관객이 복원된 존재에게 미안함을 느끼는 순간에

우주선 내 소각장 ⓒ 네이버 영화

도 영화 속 공간은 여전히 아름답고 안전하게 보인다. 심지어 바이리가 통과하는 모래 태풍이나, 원더랜드 데이터의 소용돌이 장면마저도 동화처럼 아름답다. 그래서 더더욱 관객은 보이지 않는 괴물의 존재감이 믿기지 않는다.

〈미키17〉은 구조적 괴물을 좀 더 시각적으로 부각한다. 영화 초반부터 괴물성을 시각적으로 드러낸다. 특히 우주선 내부는 무채색의 금속 벽면과 어둠으로 가득한, 불길한 공간으로 묘사된다. 넓은 우주 공간은 거의 비치지 않고, 대신 미로 같은 복도와 복제실, 어두운 소각장이 반복적으로 등장한다. 오래된 폐공장이나 뒷골목을 연상케 하는 이 공간은 인간이 오직 기능으로만 취급되는 세계를 시각화한다. 도착한 니플하임은 우주나 우주선 내부보다는 밝고 넓어 보이지만, 눈보라가 몰아치는 무채색의 차가운 세계로 등장한다.

눈보라 치는 니플하임 ⓒ 네이버 영화

이렇듯 〈미키17〉에서 우주 공간은 거의 비치지도 않고, 그나마도 암흑의 공간으로 그려진다. 반면 〈원더랜드〉의 우주 공간은 여러 색감과 반짝이는 광채의 공간으로 표현된다. 두 영화는 정반대의 감각으로 우주를 시각화하며, 각기 다른 방식으로 괴물성을 드러낸다.

〈미키17〉은 변화의 과정 역시 시각적으로 표현한다. 후반부, 니플하임에 봄이 찾아오고, 파란 하늘과 초록 초원이 모습을 드러낸다. 차가운 구조로서의 괴물이 녹아내리고, 새로운 삶의 가능성이 열리는 순간이다.

이렇듯 두 영화는 괴물성을 시각적으로 구현하는 전략에서 뚜렷한 차이를 보인다. 〈원더랜드〉는 괴물성 처음에는 느끼지 못하도록 숨긴다면, 〈미키17〉은 괴물의 존재를 처음부터 시야에 배치한다. 각기 다른 시각적 전략을 통해 전달된 괴물성은 각기 다른 감정도 유발한다. 관객은 〈원더랜드〉가 숨긴 괴물성을 서서히 감지하며 묘한 불

우주 정거장에서 근무 중인 복원된 태주 ⓒ 네이버 영화

편함을 느끼게 된다. 반면 〈미키17〉에서는 처음부터 괴물성을 직면하며 문제 해결을 바라게 된다.

괴물은 더 이상 낯선 형상으로만 스크린에 등장하지 않는다. 오히려 지나치게 익숙하고, 따뜻하고, 효율적인 얼굴을 하고 나타난다. 〈원더랜드〉는 그 친밀함 속에 괴물성을 감추고, 〈미키17〉은 공간 구현을 통해 불길함 속에 괴물성을 드러낸다. 관객에게 중요한 건 '괴물이 보이느냐?'가 아니라, '지금 내가 보고 있는 것이 괴물은 아닐까?'일지도 모른다. 괴물들은 그렇게, 우리가 익숙하다고 여긴 영화 속 어딘가에 조용히 자리하고 있다.

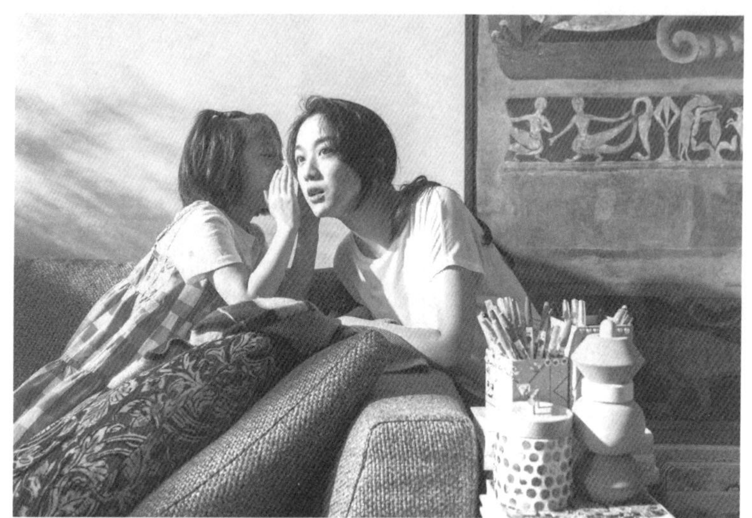

원더랜드에서 바이리와 딸 바이지아 ⓒ 네이버 영화

5) 드러난 괴물, 변화의 가능성

〈원더랜드〉와 〈미키17〉은 괴물을 단일한 실체나 낯선 형상으로 그리지 않는다. 두 영화 모두 괴물을 익숙한 사회 시스템과 감정 구조 속에서 조용히 작동하는 구조적 존재로 제시하며, '정상'과 '선의'의 얼굴을 한 사회적 질서가 어떻게 폭력성을 은폐하는지를 드러낸다. 괴물은 고정된 실체가 아니라 관계 속에서 변화가 가능한 구조이다.

두 영화는 괴물성을 단순히 고발하거나 파괴의 대상으로 삼지 않는다. 오히려 공존과 변화를 가능하게 하는 감각, 즉 그 구조를 인식하고 질문할 수 있는 감수성을 자극한다. 중요한 것은 구조 자체를 무너뜨리는 것이 아니라, 그것이 어떻게 작동하는지를 알아차리고

복제기 안의 미키 ⓒ 네이버 영화

반응하는 일이다. 최첨단 기술이 유토피아를 열어 줄 것이라 기대했던 인간은, 오히려 괴물로 변모한 시스템과 마주하게 된다. 이 역설은 두 영화 속에서 질문과 성찰로 이어진다.

〈원더랜드〉의 인물들은 자신의 감정에 충실하며, 기술이 주는 위로와 그 한계를 고민한다. 영화는 인물들의 관계를 명확히 끝내거나 지속시키는 결론을 내리지 않은 채, 변화의 가능성을 보여준다. 반면에 〈미키17〉은 감정보다는 시스템 변화에 집중한다. 미키17과 미키

18, 그리고 인간과 크리퍼는 공존을 택한다. 필요한 재판과 처벌이 진행되고, 법과 제도는 개정된다. 그리고 복제 기술은 금지된다. 변화는 전복이 아니라, 점검과 시선의 전환에서 시작된다. 이렇게 두 영화 모두 시스템 내부에서도 변화가 가능하다는 점을 드러낸다.

우리는 영화 밖 현실에서도 익숙한 구조 속에 자리한 다양한 괴물을 마주한다. 지금 우리는 어떤 괴물을 겪고 있을까? 혹시 너무나 인간적이어서, 괴물로 인식하지 못하고 있는 것은 아닐까? 구조적 괴물성을 인식하는 일은 쉽지 않다. 합법, 정상, 상식, 배려, 위로, 발전, 효율의 얼굴을 하고 있을수록 더욱 그렇다. 그래서 감수성과 끊임없는 질문이 필요하다. 그 감각을 토대로 공감과 연대, 그리고 변화가 가능해진다. 각기 다른 방식이지만, 〈원더랜드〉와 〈미키17〉이 보여준 괴물에 대한 태도다.

앞으로도 다양한 영화에서, 다양한 괴물이 등장하길 바란다. 그리고 파괴나 응징보다는, 변화의 가능성을 보여주길 바란다. 어쩌면 우리가 이미 겪고 있거나, 곧 겪게 될 괴물일지도 모르기 때문이다.

10장
영화가 동시대 괴물에 대응하는 자세
: '미션 임파서블' 시리즈를 중심으로

| 송상호 |

'괴물'을 정의하는 수많은 수식어가 있을 테다. 우선 설정할 지점은, 바로 괴물과 괴물이 아닌 것을 구분하는 기준이다. 이 글을 적는 존재인 '나'는, 그리고 이 현상에 관해 말하는 존재인 '우리'들은 바로 '인간'이다. 그러니 인간을 기준으로 생각해보자. 괴물은 인간과 다른 것, 인간이라는 테두리에 포섭되지 않는 기묘하고 이상한 무언가로 귀결된다. 사전 정의를 엄밀히 따져보자는 말이 아니다. 괴물은 관점에 따라 정의되는 상대적인 개념이다. 포커스는 '나와 다르다'는 데에 맞춰져 있다. 이를테면 강아지 100마리가 모인 곳에 고양이가 1마리 들어가 있다면, 괴물은 고양이다. 인간의 관점에서 나와 다르게 생긴 에일리언 역시 괴물이 될 테지만, 그 반대도 가능하지 않겠나. 그러니 괴물이라는 관념은 상수가 아닌 변수가 된다. 입력값에 따라 출력값이 달라져서다.

그렇다면 우리네 현실에선 그 무엇도 괴물이 될 수 있고, 그 어떤

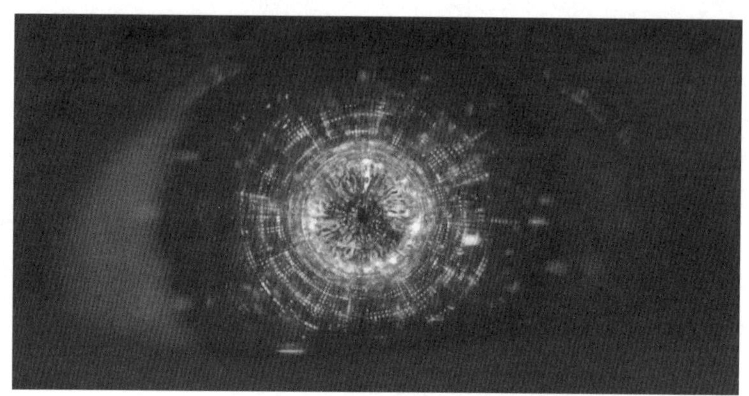

영화 '미션 임파서블: 파이널 레코닝'에서 인공지능 엔티티에 접속한
에단 헌트의 눈동자가 빛나고 있는 모습. ⓒ롯데엔터테인먼트

것도 괴물이 되지 않을 수도 있다. 단지 기준 삼은 무언가와 비교할 무언가가 서로 조금 다르다면, 그 다른 것에 관해 괴물이 될 명분과 배경을 주장할 수 있는 셈이다. 우리는 그만큼 '다르다'는 것에 관한 혐오와 우려가 턱끝까지 차오른 세상에 살고 있기도 하다. 결국 현대 사회에서 괴물이라는 개념의 성립 조건은 '다름'이 정의되고 구체화되는 방식에 따라 달라진다. 이런 상황에서 우리와 마주하는 괴물은 무엇인가? 어쩌면 진부하지만, 또 수긍할 수밖에 없는 존재가 있다. 바로 인공지능(AI)이다. AI는 언제나 인류에게 괴물 같은 존재로 여겨져 왔다. 어느덧 일상의 화두로 자리 잡은 지금뿐 아니라, 기술의 혁신이 없던 시절부터 인간의 상상력 속에서 무시무시한 존재로 자리매김해 온 사실을 부정할 수 없다.

1) AI라는 괴물을 대하는 자세

　인간들은 AI를 향한 두려움을 다양하게 표출해 왔다. 그 가운데 효과가 유효했던 사례는 바로 대중문화 콘텐츠를 통해 AI를 괴물처럼 매만지는 작업들이다. 특히 영화에서 우리는 AI를 자주 목격할 수 있었다. '2001 스페이스 오디세이'(1968)의 'HAL9000', '터미네이터'(1984)의 스카이넷, '어벤져스: 에이지 오브 울트론'(2015)의 울트론을 떠올려 보라. 그런데 꼭 초고도 기술 발전을 이룩한 사회나 근미래 디스토피아를 다룬 영화들에서만 이러한 사례를 발견할 수 있는 것은 아니다. 첩보 영화도 마찬가지다. 2023년 개봉한 '미션 임파서블' 7편(부제: 데드 레코닝)과 올해 찾아온 8편(부제: 파이널 레코닝)의 메인 빌런도 사람이 아닌 AI '엔티티'였고, '스파이 코드명 포춘'(2023)에서 세상을 위협하는 존재도 그렇다. 이 중 우리는 미션 임파서블 시리즈가 AI를 다루는 방식에 주목할 필요가 있다. 단순히 AI를 괴물로 묘사하는 데 그치지 않고, 그에 대응하는 태도 설정에 있어 어떻게 좌표를 고정하고 어떤 몸부림을 쳐야 하는지 나침반의 역할을 해주기 때문이다.

　'미션 임파서블: 파이널 레코닝'은 AI를 전면에 내세우지만, '엔티티'는 다른 창작물에서 묘사됐던 AI와 사뭇 다르게 그려진다. 엔티티는 '터미네이터' 시리즈의 스카이넷처럼 인류의 말살을 통해 기계가 중심이 되는 새 미래의 건설을 도모하지 않는다. 그보다 강조되는 건, 엔티티가 인간을 통해 학습하고, 더 인간처럼 생각하고 더욱더 인간과 흡사한 면모를 보이고 싶어 한다는 점. 그를 통해 인간을 기만하고 능가하겠다는 야망을 드러낸다는 게 중요하다. 그러니까 엔티티

'미션 임파서블: 파이널 레코닝'에서 에단 헌트가 국가 수뇌부를 상대로 인공지능을 상대하려면 자신을 믿어야만 한다고 호소하고 있는 모습. ⓒ롯데엔터테인먼트

는 핵탄두 발사를 통해 인류를 절멸시켜 버리겠다는 계획을 세우면서도, 그 저변에는 지극히도 인간적인 사고방식과 인간적인 습성에서 벗어날 수 없는 한계를 띠고 있는 셈이다. 그래서 엔티티를 파괴하려고 드는 에단 헌트(톰 크루즈)는 "엔티티는 인간을 바탕으로 학습하고 사고하는 만큼, 우리가 엔티티처럼 생각하지 않으려면 인간이 고려하지 않을 법한 행동과 생각을 보여줘야 한다"고 반복하고 있지 않나.

엔티티에 맞서는 에단 헌트를 통해 영화가 관객에게 보여주려는 건 무엇인가? 그건 바로 헌트라는 존재로 대변되는 '인간'만이 지닌 고유한 무언가를 통해 AI라는 존재로 대변되는 이 시대의 '괴물'을 어떻게 대해야 하는지 알려주는 작업이다. 헌트에게는 무엇이 있는가? 또 엔티티에게는 무엇이 없는가? 이들 사이 궤적을 파헤치려면 먼저 우리는 시리즈를 관통하는 핵심 가치가 무엇에 있는지 파악해야 한다. 그건 바로 시리즈가 지속될 수 있게 하는, 또 헌트의 행보가 유지

될 수 있게 하는 데 기여하고 있기 때문이다.

쉽게 생각해 보자. 지금 중요한 건 헌트가 어떻게 난공불락의 AI를 상대로 미션 완수를 외칠 수 있었는지 그 배경과 이유를 따져보는 일이다. 죽음도 불사하는 그의 고단한 육체에 깃든 의지 때문일까? 무모한 그의 곁을 묵묵히 지켜준 동료들 때문일까? 어느정도 타당한 말이지만, 본질은 다른 곳에 있다. 그걸 파악하려면 바로 이 영화가 시리즈 내내 에단 헌트를 어떤 존재로 묘사해왔는지 파악하는 데에서 출발해야 한다.

2) 액션이 아닌 믿음으로

그간 에단 헌트는 과거의 주요한 순간순간들을 있는 그대로 존중하고 수용하며, 현재 주어진 상황에 최선의 선택이라는 식으로 자신의 선택과 행보를 합리화해왔다. 지난 3편에서 맥거핀으로 소비됐던 '토끼발'이 미완의 떡밥으로 남지 않고, 엔티티로 다시 등장해 활용된 것 역시 모든 궤적에는 다 이유가 있다는 논리를 만들어내기 위함이었을 테다. 1편에서 등장했던 유진 키트리지와 윌리엄 던로가 다시 헌트 앞에 등장하는 이유 역시 이와 맞닿아 있다.

즉 헌트의 경로와 선택이 늘 터무니없어 보이지만, 모든 일에는 다 그럴 만한 이유가 있었고 또 그럴 만한 배경이 있었다. 중요한 순간에 에단 헌트가 어떻게 반응하고 뭐라고 말하는지 생각해 보자. 상대가 '설마 이런 짓을 벌이겠어?', 싶은 순간에 그 설마를 현실로 만들어 버린다. 5편 '로그네이션' 후반부를 떠올려 봐도 그렇다. USB에 담긴 계좌 정보를 넘기라고 압박하는 솔로몬 레인을 마주한 에단 헌트가 어떻게 역으로 으름장을 놓았는가. 헌트는 계좌를 비롯한 비밀번호 등의 수많은 데이터를 전부 암기했다고 말하며, 나 없인 네가 원하는 바를 달성할 수 없을 거라 압박하지 않았나. 헌트의 언행은 레인의 예상 범위를 한참 넘어서 버렸다. 그야말로 예측불허, 좌충우돌이다. 이뿐 아니라 언제나 헌트는 다음 계획이 뭐냐고 묻는 팀원들에게 "잘 모르겠지만 생각해 보겠다"고 말하지 않나. 예정된 패턴과 정해진 경로 없이 그저 일단 뭐라도 하면서 다음 계획을 만들어 가는 게 바로 헌트가 가장 자신 있어 하는 전략이자, 그만의 삶을 꾸려가는 방식이다. 헌트가 실시간으로 학습과 발전을 거듭하는 AI에게조차도 이 같은 전략을 그대로 고수하고 있다는 점도 중요하다. 무조건 AI라고 해서 무결점의 완벽일 수는 없으니, 까딱해서 인간에게 속아 넘어갈 순간이 언젠간 찾아온다고 믿으면서 말이다.

이런 과정에서 헌트의 언행을 뒷받침해 주는 요소가 있다면 그건 바로 '믿음'이다. 이 믿음은 나를 믿는 것부터 출발해, 내가 처한 상황과 주변 동료를 믿고 또 내가 결심한 순간 그리고 그로부터 이어지는 궤적을 모두 믿을 때 가치가 발현된다. 이때 우리가 꼭 기억해야 하는 사실이 하나 있다. 절대 에단 헌트에게 부여된 설정과 서사를 단순한 데우스 엑스 마키나로 취급해 버려서는 안 된다는 점이다. 다시 말해 헌트가 달려가도 총알 하나 맞지 않고, 절벽에서 뛰어내리든 경비행기에 매달리든 죽지 않는 이유는, 그가 무적이고 불사여서가 절대 아니라는 말이다.

1편에서 헌트가 기밀 정보를 확보하고 신변의 위협에서 벗어나기 위해 어떤 일을 벌였는가. 데이터 취급소에 환기구를 통해 잠입하고,

고속철도에 매달렸던 1편의 크고 작은 소동들은 분명 예삿일이 아니었다. 이후 시리즈를 거듭할수록 톰 크루즈는 높아져 가는 관객들의 기대치, 스스로의 만족도 달성과 결부된 높아진 기준점에 부응하기 위해 부단히 노력해 왔다. 즉 각본과 액션 디자인을 설계하는 단계에서부터 세심하게 공들여 영화가 제작되기 시작됐다. 앞서 말했듯 여기서 혹자는 발전을 거듭하는 시리즈의 다소 무리한 설정에 관해 부정적인 의견을 내놓을 수 있다. 실제로 톰 크루즈의 기막힌 스턴트 액션을 대하는 시선은 두 가지다. 누군가는 인간의 한계를 넘어선 장인정신의 액션에 경의를 표하지만, 다른 누군가는 과도한 맨몸 액션을 전시하기 급급해 서사를 녹여내지 못하고 기교에만 치중한 유희로 변질됐다며 우려한다.

나는 후자의 의견에 반대한다. 더 나아가 그 주장이 성립되기 어렵다고 본다. 그 이유는 '미션 임파서블' 시리즈를 관통하는 핵심이 역설적으로 톰 크루즈의 액션 그 자체에 있지 않다는 데에 있다. 사실 그보다는 톰 크루즈(에단 헌트)가 왜 그런 선택을 내릴 수밖에 없었는지에 관한 논의가 우선이다. 그러니까 이건 나를 믿고 동료를 믿지 않으면 결코 벌어지거나 펼쳐질 수 없는 상황들이 아닌가. 동료를 믿으니까 단신으로 잠수하고, 이 선택지 외엔 어떠한 방도가 없으니까 꾹 참고 비행기에 매달리는 것이 아닌가. 그러니 톰 크루즈의 액션은 그저 서커스단마냥 곡예나 하자고 설계된 게 아니라는 말이다. 이 몸짓은 많은 이들의 믿음으로 구축된 생존의 몸부림이다.

이제 오우삼의 2편에서 헌트가 생물 바이러스 키메라 탈취를 위해 건물에 진입 계획을 세우는 장면을 되짚어 보자. 이 구간은 거대한 프랜차이즈가 되어 버린 이 시리즈가 초창기부터 자기반영성을 내포하고 있다는 걸 알려준다. 작전 브리핑을 하는 헌트의 모습과 교차되는 컷으로 등장하는 빌런 숀 앰브로스는 헌트의 계획을 정확하게 예측하고 있다. 그가 내뱉는 "아니, 헌트는 보안이 약한 공중에서 잠입해 올 거야. 경비를 피하기 위해 병적으로 공중 곡예에 집착하니까"라는 대사는 1편의 공중 스턴트를 즉각 떠올리게 만드는 힘을 지녔다. 뿐만 아니라 이후 반복될 헌트의 위험천만한 맨몸 액션을 환기하는 역할도 한다. 2편이 나올 당시에만 하더라도 이 시리즈의 확장을 염두에 둔 건 아니겠지만, 8편의 피날레를 장식한 지금 이 시점에 이런 앰브로스의 비아냥은 어떤 의미로 작용하게 됐는지 따져보는 작업이 필요한 셈이다. 그러니 필요한 질문. 그가 공중 곡예, 아니 몸을 내던지는 위기로 자신을 몰아세우는 이유가 무엇인가? 과시가 목적이 아니다. 그 상황에서는 그 방법이 가장 노출을 최소화하고, 또 작전 수행의 성공 가능성을 극대화하는 경로이기 때문이다. 그러니 헌트의 입장에서, "미션 완료"를 외치기 위해선, 목숨을 걸어야 하는 선택에 임해야 한다.

이 과정에서 4편은 시리즈의 큰 분기점으로 작용했다. '고스트 프로토콜'의 표면에는 핵탄두를 둘러싼 미국과 러시아의 갈등이 자리하지만, 속살을 벗겨낼수록 불확실한 개인의 믿음을 시험하는 순간들이 곳곳에 서려 있다. 크렘린 궁에서의 초반부 시퀀스를 떠올려 보자. 에단 헌트의 팀이 이용하던 주파수에 끼어들어 솜씨 좋게 분탕질을 선보이는 코발트의 모습이 떠올랐다. 이곳에서 인물들은 믿음에 대해 어떤 태도를 보이고 있는가? 사실 첩보물에서 '믿음'은 그것이 부정될 때 가치가 급등한다. 믿지 않고 의심의 씨앗을 심어놓아야만 사건이 추가되고, 서사가 전개될 수 있기 때문이다. 하지만 4편에서

'믿음'은 오히려 '믿음'으로만 존재해야만 한다. 헌트가 두바이 부르즈 칼리파에 매달릴 수 있던 이유도, 브랜트가 자력만 믿고 몸을 던질 수 있던 이유도, 헌트가 그의 팀과 코발트의 계획을 막을 수 있던 이유도, 무엇을 믿느냐보다 믿음 그 자체 그러니까 믿어야 하는 상황을 수용하고 긍정할 수 있었기 때문은 아니었는지 생각해 봐야 한다는 말이다.

부르즈 칼리파의 유리 벽을 기어 올라가는 에단 헌트, 아니 톰 크루즈의 몸에는 수많은 지지용 케이블이 달려 있었고, 실제 촬영은 (여전히 위험하지만) 비교적 안전한 상황에서 진행됐다. 그렇다면 본편에서 케이블이 지워졌을 때, 영화는 과연 거짓을 말하고 있는 걸까? 결국 4편에서 에단 헌트가 건물을 올라가는 그 신은 난감한 질문을 만들어낸다. 톰 크루즈가 실제로 위험한 스턴트를 소화했다는 사실을 믿는 것(촬영 비화를 알기 전까지 관객은 이게 CG인지 실제 스턴트인지 분간할 수 없다)과, 에단 헌트가 고층 빌딩을 올라 미션을 완수했다는 사실을 믿는 것은 각각 어떤 점에서 다른 걸까? 어느 쪽이든, '카메라에 찍힌 남자의 위험천만한 행위 자체에 대한 믿음'이라는 점이 똑같다. 그래서 4편의 동력은 진실과 거짓의 가치 판단을 섬세하게 설정하는 데 있지 않다. 불확실하든 확실하든, 무언가를 믿기로 하는 것. 바로 이런 태도가 3편에서 4편로 넘어오면서 시리즈의 변곡점이자 분기점이 되는 데 크게 기여한 셈이다. 믿음 그 자체로 인해 인과가 형성된다는 점이 본편의 기이한 매력이 아닐지. 그러니 믿지 않으면, 에단 헌트는 미션 완료를 외칠 수 없지 않나.

이어지는 5편은 어떠했나. 믿음(혹은 믿는 행위)의 작동 여부보다는, 믿음이라는 관념 자체가 어떤 조건에서 성사되는지 따져볼 수 있

'미션 임파서블: 고스트 프로토콜' 촬영 현장에서 두바이 부르즈 칼리파 유리 벽에 매달린 톰 크루즈가 출연진들과 이야기를 나누고 있다. ⓒCJ 엔터테인먼트

는 여건이 조성됐다는 점을 기억해야 한다. 가능성 혹은 확률이 중요한 변수로 작용해야 한다면, 아니 그것만이 나와 세계를 지탱하는 논리이자 형식이라면, (앞서 언급한) 5편 후반부에서 헌트가 보여주는 말도 안 되는 능력에 대해 우리는 이야기를 시작할 수 있게 되기 때문이다. 헌트가 선사하는 그 광경을 두고 우리는 그것을 어떻게 대해야 하는가? 그 장면에서 관객은 과연 에단 헌트라는 캐릭터의 설정을 기반으로 세계의 논리와 정보를 수용할 수 있을까? 혹시 지금껏 프랜차이즈화를 이룩한 톰 크루즈라는 배우의 특정 면모가 선행해서 가치 판단에 영향을 주고 있지는 않은 걸까? 그 장면이 과연 헌트라는

존재를 입증시키는 혹은 존재할 수 있게 만들어주는 하나의 척도가 될 수 있을까?

에단 헌트는 또다시 아니 늘 그랬듯이 새로운 위협에 직면한다. 와해된 조직이 재생되는 건 이제는 불가능해 보인다. 위태롭게 흔들리고 있는 대상은 세계인가 나 자신인가? 만약 그것을 분간할 수 없다 해도 5편은 아랑곳하지 않고, 무언가를 관객에게 관철시키려고 들지 않았나. 서사의 하위 개념과 맞닿아 있는 개연성, 핍진성 따위의 것이 아니다. 어쩌면 관념적인 요소들, 다시 말해 톰 크루즈와 에단 헌트를 오가는 어떤 존재성 같은 것들 말이다. 그리고 그 존재성을 연결하는 데 기여하는 게 바로 '믿음'이라는 키워드다. 시리즈가 지속되는 동안, 에단 헌트이자 톰 크루즈가 자신의 존재 가치를 입증해왔던 어떤 궤적이 있을 텐데, 5편은 그것에 대한 일종의 점검 과정이라도 보아도 좋다. 그래서 자연스럽게 따라오는 질문, 극한 환경에서 에단 헌트, 아니 톰 크루즈는 왜 이렇게까지 목숨을 내던질 만큼 열정으로 모든 일에 임하는가?

이제 우리는 7편과 8편에 이르러, 이렇게 쌓아온 믿음에 의지하는 헌트의 면모가 가장 확실히 발산될 뿐 아니라 동시에 절박하다는 점을 생생히 느낄 수 있다. 헌트와 그의 팀원들이 엔티티에 세상이 잠식되는 걸 막기 위해 어떤 전략을 선보였는지 떠올려 보면 금방 납득이 갈 테다. 정말 놀랍게도 헌트는 AI의 수싸움에 당하지 않기 위해 디지털 통신과 교류를 원천 차단하는 방법을 고안해 낸다. 그 방법이 황당할 만큼 터무니 없다는 점이 문제긴 하지만 말이다. 그가 팀원들과 동선을 쪼개 일부러 분리되려고 했다는 점을 기억하자. AI에 잠식되지 않기 위해, 어떻게 하면 그 대상과 다른 경로를 걸을지 고민 끝에 펼쳐낸 생각들이긴 할 테다. 그렇지만 헌트의 계획은 말로만 들었을 때 너무나 허무맹랑하다. 나만 완벽하게 단계별 과제를 수행해선 안 되고, 상대 역시 그에 맞춰 완벽한 타이밍에 요구치를 달성해야 하지 않나.

각본으로만 보면 분명 허술하기 짝이 없고, 우연에 기댄 게으른 전개라고 욕을 먹을 게 뻔하다. 실관람객들의 반응에서도 역시 그런 평을 찾아내는 건 어렵지 않았다. 8편에 관한 혹평은 대개 이런 지점들에서 비롯됐다. 그럼에도 헌트는 그 무엇도 없이 단신으로 대통령을 설득하러 간 뒤, 항공모함을 빌려 세바스토폴호가 잠든 다이빙 포인트를 찾아내야 한다. 그 좌표는 저 멀리 떨어진 팀원들이 재래식 모스 부호로 송신해 줘야 하며, 동료들이 제시간에 맞춰 모스 부호를 보낼 때 헌트의 잠수함 역시 그 신호를 정확히 캐치해야만 서로가 서로를 구원해 줄 수 있다. 무모한 계획을 실행하기 전, 헌트는 담담하게 팀원들 각자가 해야 할 일만 일러준 뒤 홀연히 떠난다. 서로가 서로의 계획이 성공하길 바라면서, 그저 하염없이 기다리고 타이밍을 맞출 수밖에 없는 상황. 그러니까 두 진영 중 어느 한 쪽이라도 잘못되면 세상은 엔티티에게 넘어가고 인류는 멸망하는 철제절명의 순간이지만, 헌트는 그저 믿음에 기대 세상을 그 가능성에 거는 도박에 몸을 맡기는 것처럼 느껴진다. 사실 헌트에게 이건 도박이 전혀 아니다. 그보다는 절박한 생존의 아우성이다. 반복하지만, 그의 입장에서, 이보다 더 나은 선택지는 없기 때문에 이런 경로를 택하게 된 것뿐이다. 그러니 관객 입장에서 각본의 전개가 과도한 우연의 일치가 엮이는 것처럼 느껴질지라도, 이런 서사 구조가 단순히 이야기의 전개를 위해 존재하는 게 아니라 헌트의 믿음이 만들어내는 산물이 그만큼

'미션 임파서블: 로그네이션'에서 에단 헌트(왼쪽)와 일사 파우스트가 유령 조직 신디케이트의 수장 솔로몬 레인을 상대하고 있다. ⓒ롯데엔터테인먼트

가치가 있다는 데 대한 방증이라는 점을 느낄 수 있어야 한다. 그러니 액션에 방점이 찍히는 게 아니라, 그 액션이 배치된 경위를 따져 봐야 한다는 말이다.

3) 에단 헌트에서 톰 크루즈로, 스크린에서 현실로

8편에서 엔티티가 헌트에게 보여주는 미래의 이미지들을 떠올려 보자. 자신에게 협조하지 않을 경우 인류에게 닥쳐올 예정된 미래상이 빠르게 컷되면서 헌트를 압도한다. 엔티티는 헌트가 실행에 옮길 법한 계획이 담긴 미래의 장면을 보란 듯이 보여주면서 헌트를 불안에 빠뜨린다. 우리는 이미 6편 '폴아웃'에서 당도할 미래에 대한 불안과 걱정으로 둘러싸인 헌트의 모습을 목격한 적이 있었다. 에단 헌트에게 찾아오는 혹은 그가 직면하는 환상, 꿈 등 비현실의 영역과 맞물려 있는 것처럼 보인다. '폴아웃'은 에단 헌트의 꿈으로 포문을 연다. 이때 줄리아를 바라보는 에단 헌트의 모습은, 지난 3편과 4편에 이어 세월의 무게를 견뎌낸 톰 크루즈와 미셸 모나한 사이에서 발생하는 기류 없이는 완성될 수 없다. 따라서 에단 헌트와 톰 크루즈의 존재가 어떤 순간에 더 유효한지를 따지기 시작할 때 '폴아웃'이 다른 의미로 다가올 수 있을 것이다. 이 환상을 벗어난 뒤 미션 지령을 받는 에단 헌트의 모습은 시리즈의 클리셰로 반복됐던 그 모습, 우리가 보아 왔던 톰 크루즈의 그 모습과 겹쳐지면서 관객들에게 하나의 통과 의례처럼 작동하는 셈이다. 이쯤 되면 '이번엔 IMF가 어떻게 신원을 확인한 뒤 과연 어떤 방식으로 메시지가 폭파될까?'라는 생각이 떠오르지 않을 수 없는데, 이건 결국 미션 임파서블 시리즈가 에단 헌트의 영화로만 존립할 수 없다는 증거이기도 하다. 톰 크루즈가 관객들에게 각인시켜 온 면모가 관객 각자의 인식 체계 어딘가에 잔존하기 때문에 벌어지는 일이다.

특히 '폴아웃'에는 특이한 구간이 있다 발생 가능한 하나의 미래 가운데 경우의 수를 콕 집어 플래시 포워드처럼 펼쳐 놓는 점에서다. 에단 헌트가 지닌 살생에 관한 가치관에 대해 관객들이 엿볼 기회를 얻는 셈이다. 실제로 영화가 진행되고 나면 관객들 중 일부는 아까 봤던 시퀀스가 분명히 예정된 미래는 아니었지만, 그렇다고 헌트의 허무맹랑한 상상이라기엔 또 구체적인 개연성을 갖춘 듯 보인다고 느꼈을지도 모른다. 무엇이 됐든 관객이 그 장면을 시간의 흐

'미션 임파서블: 파이널 레코닝'에서 인공지능 엔티티를 상대하는 에단 헌트(왼쪽)가 동료들과 작전을 논의하고 있다. ⓒ롯데엔터테인먼트

름 속 사건 간 인과 관계의 맥락으로 읽어내는 대신, 인물의 내면 혹은 가치관에 맞닿은 지점으로 인식하고 의미를 부여하고 있다는 점이 중요하다. 우리가 그 인물의 서사에 집중하게 될 때, 가장 중요한 건 존재성을 따지는 일이었기 때문이다. 에단 헌트가 영화 속 온전한 헌트로 존립할 수 있는지, 혹은 톰 크루즈가 영화 바깥의 배우로서만 온전하게 존재할 수 있는지 말이다. 다시 말해 시리즈를 거쳐온 에단 헌트의 서사를 받아들이는 데 있어 관객들이 '그'를 어떻게 받아들일 수 있는지에 관한 쟁점이 생겨난다는 말과 같다.

이제 시리즈의 대미를 장식하는 '파이널 레코닝'의 도입부를 떠올려 본다. 극장에서 본편이 시작되기 전, 톰 크루즈가 홀로 찍은 인사

영상을 통해 관객에게 영화를 잘 감상해달라며 당부와 인사를 건넸지 않았나. 주연이자 제작을 맡은 톰 크루즈의 의지가 극 중 에단 헌트를 비롯해 영화 곳곳에, 그리고 영화 전체에 배어 있는 셈이다. 톰 크루즈는 8편을 통해 비장한 각오를 곳곳에 내비친다. 그러니 스크린에는 에단 헌트의 육체만 들어차는 게 아니라, 기계와 첨단 기술로 대변되는 AI와 대척점에 서 있는 인간 톰 크루즈의 고집 역시 서려 있다. AI라는 괴물을 대하는 데 있어, 미션 임파서블 시리즈는 그 괴물에 집중하는 대신 괴물을 대하는 인간이 어떤 마음일지 들여다보고 있다.

다양한 형태로 모습을 바꾸는 괴물들은 이제 눈에 보이는 실체에서 벗어난 지 오래다. 괴물은 디지털 정보 속에, 우리의 의식 속에 얼마든지 살아 숨 쉬고 있다. 이럴 때일수록 우리는 에단 헌트 아니 톰 크루즈의 모습을 기억해야 한다. 작 중 그레이스는 헌트의 무리한 계획을 향해 80억 인구를 두고 도박해서 되겠냐는 우려를 표한다. 이때 영화는 여기서 헌트에게 면죄부를 쥐여주거나, 그를 두둔하진 않는다. 다만 할 수 있는 건, 헌트가 동료와 나의 선택을 믿듯이 영화도 헌트를 믿을 뿐이다.

| 원문 출처 |

이 글은 '르몽드디플로마티크 시네마크리티크'에 게재된 「영화가 동시대 괴물에 대응하는 자세 : '미션 임파서블' 시리즈를 중심으로」를 수정 · 보완한 것이다.

좌파가 알아야 할 것들

르몽드 디플로마티크 저

진보정치를 향한 인류의 거대한 희망과 그 희망을 실현하기 위한 다양한 실험과 좌절, 새로운 진보정치의 재시도, 그리고 한국 진보정치의 시련과 도전을 다루고 있다.

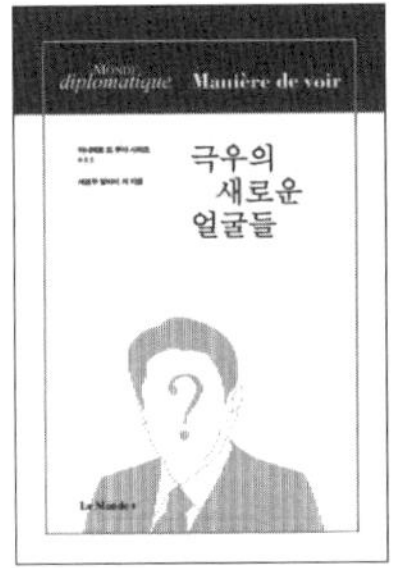

극우의 새로운 얼굴들

세르주 알리미 외

지구적으로 세계화의 그늘에서 독버섯처럼 퍼지고 있는 극우세력의 실체와 그 위험성을 담아내고 있다.

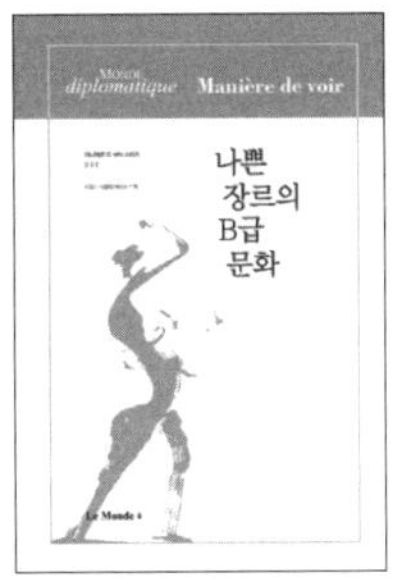

나쁜 장르의 B급 문화

슬라보예 지젝 외

저평가되는 장르들은 형태의 배반이며, 의미의 배반이다. 이것들은 형태를 새롭게 하며, 의미에 질문을 제기한다.

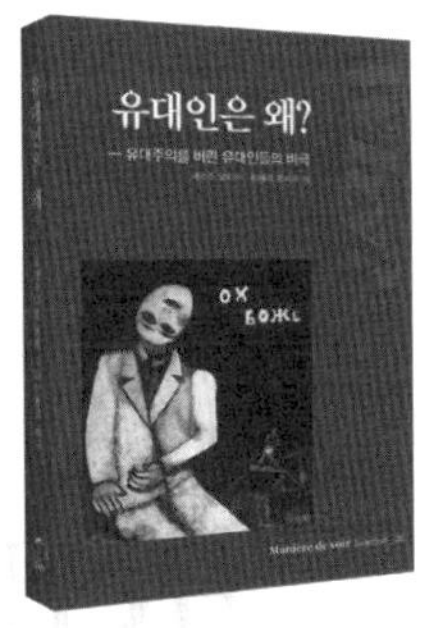

국제관계 전문시사지 〈르몽드 디플로마티크〉는 프랑스 〈르몽드〉의 자매지로 전세계 20개 언어, 37개 국제판으로 발행되는 월간지입니다. 르몽드코리아는 계간 테마무크지 〈마니에르 드 부아르〉 및 단행본 등을 함께 펴내고 있습니다.

영화와 괴물

| 낯선 존재와의 조우 |

펴낸곳	㈜르몽드코리아
주소	서울특별시 마포구 양화로 1길 83 석우 1층
홈페이지	www.ilemonde.com
이메일	info@ilemonde.com
전화	02-777-2003
팩스	070-4009-6502

초판 1쇄 발행	2025년 11월 20일
출판등록	2009. 09. 제1014-000119
ISBN	979-11-92618-91-3

지은이	김 경 김현승 김희경 서곡숙 서성희
	송상호 송영애 윤필립 이승희 이현재
펴낸이	성일권
편집위원장	서곡숙
디자인 · 커뮤니케이션	유주희

| **인쇄처** | 디프넷 |